MW01708893

Les Sortilèges d'Alinore

ISBN : 2-7459-0569-4

MADELEINE CRUBELLIER

Les Sortilèges d'Alinore

Illustré par Frédéric Pillot

Milan

Pour Louise et Fanny,
et pour Zineb, Mourad,
Lotfallah, Aassif et Brahim

Première partie

Alinore

N
MARAIS DE
GUERGUENNORE
PRESFILE
MONTAGNES
DU
CARMANE
Quirix
SERLANI

NAGHAR
MALIRAN
FORÊT DE POTH.
MONATE
MONTAGNE NOIRE
OUD
ALINORE
PLAINE DE GAZDANE
NORA
FORÊT DE PÉLIANDRE
OUD BARINE

CHAPITRE 1

Dendrone

« BENGLAR DEVIENT VRAIMENT TROP VIEUX », PENSAIT lugubrement Dendrone, en fixant des yeux le tapis usé de la salle d'honneur.

Le vieux maître s'était endormi au bout d'une phrase, le menton sur la poitrine et la bouche ouverte. Mais la politesse exigeait qu'on attende sa permission pour parler ou se lever, si bien que tout le monde restait immobile et silencieux : Dendrone et Zahir, ses deux élèves, ainsi que les paysans debout près de la porte.

Il faisait chaud dans la grande pièce sombre aux piliers de bois, le feu qui chauffait le creuset de divination n'arrangeait rien. On n'entendait que les oiseaux dehors, et les mouches qui bourdonnaient dans la salle. Zahir, impassible, semblait méditer, mais Dendrone s'agitait nerveusement, avec une envie de tousser qui lui chatouillait la gorge. Les paysans venaient de Monate, son village, il aurait voulu les éblouir, et il rageait d'une si peu brillante consultation.

La question semblait pourtant facile : les brigands de Naghar avaient une nouvelle arme qui, visiblement, utilisait le principe du feu. Il fallait leur opposer un sort d'eau, il y en avait beaucoup, et, même si ceux qu'il connaissait étaient trop longs à déclencher, on devait bien pouvoir en trouver un plus rapide et plus efficace. Peut-être le Mellenwyn… Ou bien alors, comme les armes projetaient des billes de métal, on pouvait invoquer des démons de pierre, ou les quellors à carapace, qui seraient invulnérables…

Là-dessus, Benglar se mit à ronfler, et Dendrone, rouge de honte, figé, regretta surtout de ne pas connaître un sort qui lui aurait permis de disparaître.

Le feu s'était presque éteint quand Benglar rouvrit les yeux. Il fixa un moment d'un air absent la grande porte ouverte sur la forêt, puis se tourna vers les paysans qui attendaient toujours en silence :

– J'ai vu Naghar en Rêve, les soldats, et les armes dont vous parlez. Mais il y a quelque chose d'étrange, que je ne connais pas. Il faut que je réfléchisse encore…

La consultation était terminée pour aujourd'hui. Dendrone, libre enfin de remuer et de regarder partout, entrevit, parmi les paysans qui sortaient, un homme de la ville habillé de couleurs vives et chatoyantes. Il voulut se lever pour le suivre et tâcher de savoir qui il était, mais Benglar l'arrêta :

– Zahir, va cueillir du lierre et de l'hellébore, et toi, Dendrone, tu iras pêcher quelques poissons pour le héron sacré : j'ai besoin de lui. Je suis inquiet. Je n'ai pas tout dit aux hommes de Monate. Ce que j'ai vu dans ma méditation (Dendrone ne put s'empêcher de grimacer, et fut foudroyé du regard) était comme une crevasse noire, une coupure dans l'équilibre du monde.

Et Benglar se remit à fixer la forêt.

Comme ses deux disciples sortaient, il rappela Dendrone, une lueur moqueuse dans les yeux :

– Tu pourras apprendre le Mellenwyn mais, pour ce qui est des invocations de démons, rappelle-toi qu'elles te sont interdites tant que tu n'as pas obtenu le cinquième niveau ; et n'oublie jamais qu'une minute du sommeil d'un vieux sage est plus riche d'enseignements qu'une année de réflexion d'un gamin ignorant…

Un seau et un filet à la main, Dendrone courut sur le petit sentier pour rattraper Zahir. Le jardin d'herbes médicinales était près de la rivière, ils pouvaient marcher ensemble, et il avait besoin de parler. Zahir était plus âgé que lui, brun, grand et mince, calme et réfléchi, presque un jeune homme avec une ombre de moustache. Dendrone était, à l'opposé, petit et maigre pour ses treize ans, les cheveux roux en bataille, la tunique pas très propre, les jambes nues couvertes de griffures de ronces récoltées dans ses expéditions à travers la forêt. Il avait l'esprit vif et il apprenait facilement, si bien qu'il connaissait déjà des sorts du sixième niveau. Mais il restait bloqué au deuxième parce qu'il n'arrivait pas à maîtriser le nomen, l'énergie fondamentale des corps vivants qu'on rassemble dans le nœud vital, le tamar, juste au-dessus de l'estomac. Zahir, lui, pouvait déjà s'en servir pour déplacer des objets à distance, il réussissait même parfois à voler un moment, quelques mètres au-dessus du sol. Il devait passer au cinquième niveau avant l'automne. Quand Dendrone le rejoignit, Zahir était en colère :

– Tu penses si fort que même les gens de Monate ont dû t'entendre ! Qu'est-ce que tu voudrais ? Être l'élève du sorcier d'Alinore, avoir de beaux vêtements vert et jaune et pouvoir parader à la cour du roi Raoul devant les autres morveux ? Tu t'imagines que Décarius aurait gardé ne serait-ce qu'une heure un paysan comme toi ? Tu parles, il t'aurait renvoyé changé en limace ! Je ne sais pas pourquoi le maître est si patient avec toi ! Il est le plus puissant à dix mille lieues à la ronde, et tout le monde le sait, sauf toi, stupide imbécile ! Tu me fais honte.

– Mais Zahir, il ronflait, et il bavait !

– Et alors ? En Rêve, le héron l'emporte plus loin que n'importe qui, sur toute la Terre. On raconte même qu'il serait allé dans le Deuxième Monde…

Trop furieux pour ajouter un mot, Zahir haussa les épaules et s'éloigna à grands pas. Dendrone continua seul, l'esprit bouillonnant de toutes les questions qu'il n'avait pas pu poser. Il échafaudait des hypothèses : l'homme de la ville était peut-être un conseiller du roi, Raoul allait appeler maître Benglar à la place de Décarius, et alors lui et Zahir iraient eux aussi au palais… ou bien…

Il était tard, mais le soleil de juillet s'attardait encore dans le ciel, saupoudrant de lumière les arbres au bord de la rivière. Il n'y avait pas un souffle de vent. Dans un éclair bleu, un martin-pêcheur frôla l'eau calme et sombre, couverte de flaques d'or.

On entendait seulement les grenouilles, et par moments le froissement des roseaux quand un rat d'eau ou un oiseau les traversait, invisible. Dendrone se sentit apaisé et heureux, ses envies et ses inquiétudes s'évaporaient comme une brume au soleil ; il avait l'impression d'avoir trouvé sa place dans le monde, il était le frère de la rivière.

En ramenant son filet frétillant de poissons argentés, il songea avec étonnement qu'il avait sans doute pour la première fois senti le nomen. Mais l'instant magique était passé, et il se dépêcha de revenir à la vieille école, portant à deux mains le lourd seau d'eau rempli de poissons.

Lorsqu'il entra le soir dans la salle à manger, une surprise l'attendait : l'homme de la ville était là, attablé avec maître Benglar et le bourgmestre de Monate. Zahir, debout derrière eux, les servait. Craignant des reproches pour son impolitesse de tout à l'heure – Zahir disait que tout le monde l'avait entendu penser... –, Dendrone se glissa discrètement près de l'âtre sur un petit tabouret bas. Personne ne fit attention à lui.

La conversation roulait sur les guerres et les intrigues des rois et des autres puissances du monde, et les trois hommes étaient graves. L'homme de la ville était le seigneur Joridan, il venait bien d'Alinore, et d'après ses paroles il semblait être un conseiller du roi. Mais bizarrement, il avait peu d'informations, et posait surtout des questions, d'une voix grave et très basse, presque un chuchotement. C'était toujours Benglar qui donnait les réponses.

« Zahir a raison, pensa Dendrone. Le Rêve l'emporte réellement partout dans le monde. Il connaît tout. »

Il ne comprenait pas la conversation, mais il sentait que le visiteur était anxieux.

– Alors, de quel côté va se ranger la Ligue des sorcières ?

– Charles ou Galmus, seigneur Joridan, mais sûrement pas Raoul. Elles ne peuvent choisir qu'un roi-sorcier…

Le bourgmestre intervint :

– Mais si elles entrent en guerre aux côtés de Galmus, Alinore sera en première ligne des combats !

Il y eut un silence lourd, puis la conversation reprit à voix plus basse. Flottant entre l'éveil et le sommeil, Dendrone voyait défiler dans son esprit des images de rois et d'armées en marche, puis il vit Alinore, éclatante de blancheur sur les rives de la Nora, telle qu'il l'avait vue dans son enfance, un jour où il avait escaladé la montagne Noire avec son père. Aujourd'hui, de sombres nuages d'orage s'amoncelaient au nord et, dans leur masse noire crépitant d'éclairs, il croyait voir le spectre du roi-sorcier de Naghar ; celui qui n'avait plus de nom, le vivant sans nomen. Revenu de la mort, il n'avait plus qu'une chair fantôme, à travers laquelle transparaissait un squelette que seule la magie maintenait debout.

Chapitre 2

Zahir

Les visiteurs prirent congé et Benglar les raccompagna jusqu'au portail où étaient attachés leurs chevaux. Zahir débarrassa rapidement la table, mit dans sa poche un morceau de pain et une pomme, et ramassa Dendrone endormi qui avait glissé sur le plancher. Il était un peu lourd pour lui, mais Zahir savait utiliser son nomen, et l'enfant ne pesait pas plus dans ses bras qu'un petit chiot. Lorsqu'il le posa dans son lit, Dendrone gémit et trembla dans son sommeil.

Zahir posa près de lui le pain et la pomme, et hésita un instant ; il aurait pu le réveiller pour mettre fin à son cauchemar. Mais maître Benglar disait que tous les rêves étaient importants, et peut-être valait-il mieux ne pas intervenir. D'ailleurs Zahir désirait rester seul pour réfléchir à tout ce qu'il avait entendu, et il s'allongea sur le lit voisin, pensif, les yeux fixés au plafond.

Debout dans l'ombre derrière le seigneur Joridan, il n'avait pas perdu un mot de ce qui s'était dit ce soir. Il était d'un village du nord, près de la frontière du royaume de Naghar, et l'année qui avait suivi son entrée en appren-

tissage auprès de Benglar, son village avait été pillé. Toute sa famille avait été massacrée. Il était rentré aussitôt, et il n'oublierait jamais : les survivants avaient amassé sur des charrettes tout ce qui était encore utilisable, et ils essayaient de rassembler le bétail qui avait pu s'enfuir dans la forêt. C'était un jour de brouillard et, dans la grisaille, les poutres calcinées dressaient leurs moignons comme des ossements noirs. On n'entendait que les corbeaux, et les bêlements tristes des moutons. Les maisons brûlées et vides, les enfants hébétés, frissonnants de froid, les femmes aux yeux rougis et les hommes silencieux… Zahir était retourné à Monate, bouillant de rage et de désespoir. Depuis il avait grandi, et appris. Il voulait encore apprendre, afin de devenir puissant et fort comme son vieux maître pour détruire le mal. Ce soir, c'était pour lui un conseil de guerre à la veille d'une bataille ; il rassemblait dans son esprit toutes les informations qu'il avait reçues.

Il n'avait plus été question des armes étranges : Benglar avait remis sa réponse au lendemain. Toute allusion d'ici là aurait été inconvenante, la marque d'une impatience irrespectueuse. Mais il y avait beaucoup d'autres sujets à discuter, les rois et leurs alliances, les forces encore en équilibre… À quel endroit le premier coup de la guerre serait-il frappé ?

Le roi-sorcier de Naghar, le roi-fantôme – Zahir frémissait en pensant à lui –, avait finalement conquis les petits royaumes qui l'entouraient. Il dominait maintenant tout le nord des Terres émergées. Ses opposants, désunis, se battaient entre eux : Charles à l'ouest, le roi Raoul d'Alinore au sud, et, encore plus au sud, Galmus. L'année précédente, le roi-fantôme était parvenu aux frontières nord du royaume de Raoul, si bien que celui-ci, pris entre deux feux, s'était résigné à signer avec Galmus, son vieil ennemi du sud, un traité de paix. En échange, il lui cédait sa province de l'Est, Gazdane, une steppe immense peuplée de cavaliers nomades, dont on disait qu'ils mangeaient et dormaient sur leurs chevaux. L'accord risquait de se révéler fatal pour Raoul, car c'était justement Gazdane qui lui fournissait les meilleurs de ses soldats, et il se retrouvait maintenant désarmé et faible devant Naghar qui rassemblait ses armées. Si Charles attaquait le roi-fantôme par l'ouest, Alinore serait épargnée encore un moment par le flot de la guerre. Mais si c'était Galmus qui attaquait, les sujets de Raoul se trouveraient en première ligne des combats. La magie du pauvre Décarius ne suffirait pas à les sauver…

Le sorcier d'Alinore restait pourtant leur dernier espoir. Raoul, plutôt équitable et bienveillant, n'était pas un mauvais roi, mais c'était un roi à l'ancienne mode : il gouvernait, chassait et rendait la justice, savait se battre avec une épée, mais il n'entendait rien à la magie. Et maintenant la magie dominait le monde, les sorciers avaient abandonné leurs grimoires pour conquérir le pouvoir : le grand Galmus avait renversé le roi Bérédic ; Charles, fils du roi Marone, avait appris la sorcellerie et était devenu un puissant magicien, et le roi-fantôme…

Comment cet imbécile ambitieux de Décarius, que Raoul avait pris à son service, pourrait-il s'opposer à lui ? Zahir enrageait. Le roi aurait dû choisir son vieux maître, mille fois plus puissant. Lui, au moins, aurait pu arrêter le roi du mal. Mais dans les subtilités des intrigues de cour et le fracas des guerres, on méprisait aujourd'hui les sages comme Benglar, pour qui la magie n'était qu'un instrument de guérison et de savoir, et qui ne recherchaient que la maîtrise d'eux-mêmes dans le contrôle du nomen.

C'est ainsi que la vieille école n'avait plus que deux élèves, alors qu'il y avait de la place pour cinquante dans les grands bâtiments de bois enfouis dans la forêt, isolés du monde. Ce n'était pas toujours très gai pour Dendrone, un gamin encore en âge de jouer avec d'autres enfants. Le poids d'innombrables années d'études silencieuses semblait emplir toutes les salles de la grande maison. À son arrivée, Zahir lui aussi s'était senti pris au piège d'un rituel ennuyeux et poussiéreux qui serait désormais sa vie ; et puis un sourire malicieux de Benglar avait chassé ces idées, et il avait appris peu à peu à s'adapter à la règle.

Lorsqu'il avait commencé son apprentissage, à dix ans, il était seul avec le maître. Celui-ci lui avait dit qu'il serait son dernier élève, son successeur et son héritier. Et puis trois ans plus tard, à la surprise de Zahir, Benglar avait accepté Dendrone. Pourtant, malgré sa vivacité d'esprit, le gamin ne montrait pas de disposition spéciale pour le nomen – ce qui s'était d'ailleurs confirmé par la suite – et il aurait été beaucoup plus à sa place, et plus brillant, dans une école de la ville. Zahir n'avait pas osé poser de questions, de peur de paraître jaloux. Il n'avait

eu l'explication que beaucoup plus tard – il y avait quelques mois, en fait. Ce jour-là, le gamin l'avait particulièrement exaspéré par ses enfantillages. C'était son tour de préparer le repas, mais il voulait d'abord retourner dans la forêt, pour essayer de revoir un petit faon qu'il avait aperçu la veille ; il avait fallu le traîner de force dans la cuisine. Furieux et révolté, il avait exécuté n'importe comment le Bannith qui servait à allumer le feu, un sortilège ordinairement pas plus dangereux que de gratter une allumette. Il avait dû y mettre toute sa rancœur, car le Bannith avait explosé comme une bombe, ravageant la cuisine. Si Zahir n'était pas intervenu, toute l'école aurait pu brûler.

Zahir s'était plaint au maître, mais n'avait reçu en retour que des exhortations à la patience.

« Quand je l'ai vu la première fois, lui avait dit Benglar, j'avais l'intention de le renvoyer à Décarius. Il était trop impatient et indiscipliné, et puis j'avais décidé que tu serais mon dernier élève. Mais j'ai fait un rêve la nuit suivante, un rêve ordinaire, pas un rêve Sen-lal. Je voyais Dendrone roi de toutes les Terres émergées, et le monde était en paix. Cela n'avait peut-être aucune signification, juste le désir d'un vieux fou de voir son enseignement récompensé par la gloire de son élève. Mais peut-être que non. Et maintenant que je connais Dendrone, je pense que c'était bien une possibilité d'avenir ; il y a en lui une force qui, s'il parvenait à la dominer, pourrait le rendre très puissant… peut-être le plus grand de nous tous. Penses-tu que tu pourrais, toi, mettre en péril tout un bâtiment avec juste un petit Bannith ? »

En repensant à ces paroles, Zahir se tourna vers le garçon endormi. Le cauchemar devait être passé, il dormait profondément, roulé en boule. Zahir l'aimait comme un petit frère, mais il avait à présent une impression bizarre : c'était toujours pour lui le gamin joyeux, chaleureux, brouillon, irritant et plein de vie qu'il était autrefois ; il se mêlait pourtant à cela un vague sentiment de respect, et un peu d'envie qu'il n'arrivait pas à chasser. Mais dans la tempête des guerres qui s'annonçaient, comment le rêve pourrait-il se réaliser ? Dendrone était si jeune… Zahir était résolu à le protéger, quoi qu'il arrive.

Chapitre 3

Le rêve Sen-lal

DENDRONE SE RÉVEILLA DANS UN CONCERT DE CHANTS d'oiseaux, un rayon de soleil insistant sur ses paupières. Il se demanda un instant pourquoi Zahir l'avait laissé dormir si tard, puis il bondit brusquement de son lit, furieux contre lui-même : c'était le jour du héron sacré, et la cérémonie avait dû commencer depuis l'aube !

Il n'avait pas été convié, et il aurait dû aller sagement lire dans la bibliothèque, apprendre ses leçons, ou effectuer quelques tâches de ménage. Mais il était trop curieux pour laisser passer une telle occasion.

Pieds nus pour ne faire aucun bruit, il se glissa dans la galerie couverte qui entourait le bâtiment. Il avait repéré un endroit proche du bassin où la barrière était envahie de lierre, et il s'y faufila doucement, écartant un peu les feuilles pour voir ce qui se passait.

Le héron était encore là, immobile, debout sur une patte et le cou replié. En face de lui, de l'autre côté du bassin de pierre, Benglar était assis les yeux fermés, figé lui aussi, ressemblant à une statue d'ours endormi. Un peu à l'écart, Zahir récitait le rituel à voix basse, tout en entretenant doucement un petit feu sous le pot de terre où bouillaient les herbes de divination. L'odeur âcre de la préparation emplissait l'air. Le temps semblait arrêté, on n'entendait même plus les bruits de la forêt ni les chants des oiseaux.

Brusquement le héron détendit son long cou, projetant son bec comme une flèche, et saisit en un éclair un poisson qui se cachait sous les nénuphars. Ce devait être le dernier du bassin, car, sitôt sa prise avalée, il fit claquer ses ailes et s'envola lourdement, rasant l'eau, frôlant la tête de Benglar ; il emportait avec lui l'âme du vieux maître, son nomen qui dirigerait désormais le vol et choisirait les vents pour le porter.

Zahir éteignit le feu, étala dans un grand plat de terre la décoction pâteuse et noire du pot, la préparation magique qui ferait revenir le héron ; il plaça le plat devant Benglar qui semblait endormi, et se redressa, contemplant le ciel où l'oiseau avait disparu. Puis il rentra lente-

ment à la maison, tandis que Dendrone se faufilait dans la cuisine, où il s'affaira bruyamment à préparer du thé comme s'il venait tout juste de se réveiller.

L'attente pouvait être longue, jusqu'au soir peut-être, aussi Zahir délégua-t-il le rôle de guetteur à Dendrone :

– Surveille bien la lisière du bois vers le nord, c'est par là que le héron est parti, je crois que le maître avait l'intention d'aller vers Naghar. Si tu le vois revenir, ou s'il se passe quelque chose d'anormal, siffle pour m'appeler, je ne serai pas loin.

Fier de la confiance que lui accordait son aîné, Dendrone s'installa près du bassin, non loin de Benglar, avec un panier à réparer pour passer le temps, un sifflet pendu à son cou. La silhouette affaissée du vieux mage, avec sa robe grise et ses cheveux blancs, semblait une pierre parmi les hautes herbes. Le temps passait lentement dans la chaleur de la matinée, on entendait surtout les corbeaux, qui d'ailleurs, pensa soudain Dendrone, étaient étonnamment nombreux ce jour-là.

Quand tout devint silencieux, le garçon, occupé à tailler une forme de héron dans une branche de bois mort, ne s'en aperçut pas tout de suite. Puis il entendit un bourdonnement, comme d'un essaim d'abeilles ; inquiet, cherchant des yeux d'où venait le bruit, il porta le sifflet à ses lèvres. Ses cheveux crépitaient sur sa tête.

Dans un éclair blanc, la foudre frappa brutalement le bassin avec un claquement bref. Le sifflet émit un hoquet étranglé, et Dendrone s'évanouit.

Il revint à lui trempé et frissonnant, avec un mal de tête qui lui martelait le crâne. Zahir, blanc comme un linge, le maintenait dans l'eau du bassin, et lui frictionnait les tempes. Il regarda autour de lui, cherchant des yeux Benglar, mais le vieux maître avait disparu.

Ils restèrent là un bon moment, sans pouvoir dire un mot. Zahir, atterré, repassait indéfiniment dans sa mémoire les gestes et les mots du rituel, cherchant fébrilement à quel moment il avait pu commettre l'erreur qui avait causé la catastrophe. Dendrone, tremblant comme une feuille sous le choc, sanglotait doucement dans ses bras. Puis ils rentrèrent machinalement, désemparés.

Ils ne virent pas les corbeaux, de plus en plus nombreux, qui traversaient le ciel, venant du nord et volant vers la montagne Noire. C'était l'avant-garde de l'armée de Naghar qui marchait maintenant sur Alinore. Le sorcier Décarius avait trahi.

Chapitre 4

Trahison

En arrivant au palais, la nuit précédente, Joridan n'était pas entré par la porte principale pour faire son rapport au roi ; il s'était dirigé furtivement vers une haute tour qui dressait son toit pointu derrière l'aile sud. La tour du sorcier, l'appelait-on dans Alinore, et l'on racontait que Décarius ne dormait jamais, car une lumière brillait nuit et jour à la plus haute fenêtre. Un escalier en colimaçon, éclairé de torches qui faisaient danser les ombres, conduisait tout en haut dans une grande salle ronde richement meublée ; les poutres du toit conique étaient sculptées et peintes, il y pendait ici et là des peaux de serpents, des caméléons desséchés, des têtes d'oiseaux et des bouquets secs d'herbes médicinales.

Marchant de long en large dans la pièce, Décarius attendait ; il savait que le temps était compté. Devant la menace de la guerre, le sorcier hésitait sur le camp à choisir. C'était un homme ambitieux et sans courage : il désirait être roi, mais il voulait avant tout être du côté du vainqueur. Qui ? Il ne parvenait pas à déchiffrer les présages. Il avait besoin d'aide pour évaluer la situation. Il se fiait entièrement à la clairvoyance de Benglar, même s'il méprisait sa douceur et sa bonté qu'il prenait pour de la faiblesse ; il avait été son élève autrefois, et il savait ce qu'il pouvait accomplir en Rêve. Il avait donc envoyé le seigneur Joridan pour obtenir en secret les réponses à ses questions. Benglar avait parlé sans rien cacher, sincèrement et en toute confiance. Il croyait informer le roi, il ne se serait de toute façon pas méfié du sorcier de la cour, qui avait été un disciple certes terne, mais appliqué et consciencieux.

Décarius scruta Joridan d'un regard aigu lorsque celui-ci apparut en haut de l'escalier ; son envoyé hocha sombrement la tête :

– Il n'y a aucune aide à attendre, les alliances se feront sans nous. Ni Charles ni Galmus ne se soucient de Raoul ; ils vont certainement sacrifier Alinore pour gagner un peu de temps...

C'était tout ce que le sorcier voulait savoir. Il renvoya Joridan d'un geste, et s'assit pour écrire. Il avait pris sa décision : il abandonnait le royaume condamné, et se rallierait au roi-fantôme, même s'il ne devait jamais être davantage que son serviteur. En gage de soumission, il allait lui offrir Alinore, et le vieux Benglar. Il rédigea rapidement une lettre dans laquelle il rapportait l'intention du vieux maître de partir en rêve Sen-lal le lendemain, et l'attacha à la patte d'un corbeau qu'il envoya à Naghar.

Le corbeau vola toute la nuit, porté par les vents de magie.

Le roi noir se moquait bien du soutien de Décarius, il aurait ri froidement de la prétention du petit magicien, si celui-ci ne lui avait pas en même temps livré Benglar.

C'était une occasion inespérée de détruire le seul ennemi dont il eût quelque chose à craindre, le seul dont la force égalât la sienne. Devinant qu'en Rêve le vieux mage viendrait à Naghar, le sorcier lui tendit un piège.

Des feux furent allumés en cercle autour de la forteresse, des feux magiques dont les flammes vertes vacillaient, formant et déformant tour à tour des figures monstrueuses. Au centre du cercle, dans la grande salle noire du donjon aux murs luisants et glacés, une cage de fer fut préparée, ainsi qu'un coffre recouvert de plomb. Puis le sorcier renvoya ses esclaves et resta debout dans l'ombre, entièrement enveloppé dans un grand manteau noir. C'était toujours ainsi qu'il se montrait, car hommes et bêtes tremblaient et s'affolaient à la vue de sa face spectrale, tête de mort à peine masquée par l'ombre grise de son ancien visage humain aux traits durs et cruels, dont le regard froid semblait un rayon mortel jailli des orbites creuses et noires.

Volant dans le corps du héron, Benglar vit bien les feux autour de Naghar. Mais cela lui sembla de bon augure : si le sorcier était occupé à sa sorcellerie, il lui serait plus facile de passer inaperçu. Il prenait des risques en approchant des murailles dans un corps mortel, fait de chair et de sang, mais lorsque son esprit voyageait seul, immatériel, il se heurtait toujours au rempart invisible de sortilèges qui entourait la forteresse. Or, cette fois, il était bien décidé à pénétrer dans le château.

Il fit un bref arrêt au bord des douves emplies d'une boue noire, infestées d'araignées d'eau énormes qui couvraient la surface luisante de cercles entremêlés. Caché par la souche d'un saule mort, il élabora un sortilège d'invisibilité, puis s'envola en silence et franchit l'énorme muraille.

Il comprit aussitôt le danger, et tenta de rebrousser chemin, mais la puissance du sortilège de magie noire l'entraînait irrémédiablement vers le centre du cercle, au milieu des cours intérieures, dans la salle du donjon. Il se battit pour regagner son propre corps, près du bassin, dans l'herbe verte de la vieille école, et faillit réussir tant sa force était grande ; mais il n'avait pas toute sa puissance dans le corps du héron, et il avait réagi un peu trop tard au piège qui lui était tendu. Le héron portant toujours son nomen fut saisi brutalement, enfermé dans la caisse de plomb, et sa volonté se brisa avec le bruit d'un rocher qui se fend. La silhouette noire leva les deux mains, et le corps inconscient du vieux mage apparut, prisonnier de la cage de fer.

Le sorcier de Naghar s'avança, rabattit son manteau en arrière, et contempla un moment son prisonnier. Un fantôme de sourire cruel flottait sur l'éternel ricanement de son crâne. Puis il sortit de la salle, et partit rejoindre ses armées qui s'avançaient depuis l'aube vers Alinore.

Chapitre 5

La montagne Noire

Le premier choc passé, Dendrone avait raconté toute la scène à Zahir : le silence bizarre, le bourdonnement de l'air, l'éclair foudroyant malgré le ciel sans nuages. Puis il était resté hésitant quelques minutes, agité et nerveux ; il avait fini par ajouter :

– Tu sais, je crois que tout est de ma faute. J'ai fait quelque chose de mal… Ce matin, je me suis caché et je vous ai regardés quand le héron était là. J'ai désobéi au maître.

Zahir essaya de rire pour le rassurer, mais il était troublé : les paroles de Dendrone lui rappelaient trop la culpabilité qu'il ressentait lui-même. Il répondit d'une voix mal assurée, sans y croire vraiment :

– Ne t'en fais pas, je vais trouver une solution. Occupe-toi, fais quelque chose, prépare le repas. Moi je vais consulter les livres sur les Rêves, je trouverai peut-être des indications sur… tout ça.

Les yeux vagues, sans réagir, Dendrone le regarda s'éloigner. Puis, lentement, il se dirigea, non pas vers la cuisine, mais vers la salle de méditation.

C'était une petite salle vide, sans fenêtres, éclairée seulement par des ouvertures dans le toit, au plancher de bois blanc nu et poli ; elle était située au cœur de la maison, comme le tamar est au centre du corps, car c'est là qu'on exerçait son nomen. Zahir s'y entraînait souvent à soulever à distance une grosse pierre ronde. Dendrone n'aimait pas beaucoup cette pièce. Pour lui elle était surtout liée à des souvenirs d'ennui et d'échecs. Mais elle l'attirait à présent : c'était l'endroit qui représentait le mieux Benglar, comme si une partie de l'âme du vieux sage y demeurait toujours. Il s'assit en tailleur, et s'appliqua à se représenter son vieux maître, comme si, par la seule force de sa volonté, il allait le faire réapparaître dans cette pièce qui gardait tellement son empreinte.

Au bout d'un moment, comme l'image formée dans son esprit s'estompait et se brouillait, il s'aperçut avec stupeur que la pierre de Zahir flottait à un pied au-dessus du sol. Il eut un hoquet de surprise, et elle retomba lourdement.

Il poussa un cri de triomphe, et se tourna de part et d'autre, en quête de félicitations. Mais il était seul. Il pesta intérieurement :

« Je suis trop bête, je fais tout de travers, ou au mauvais moment… Il faut que j'arrive à le refaire, sinon ils ne me croiront jamais ; il faut que je montre ça à Zahir ! »

Et pendant plusieurs heures, seul dans la salle tandis que son camarade feuilletait nerveusement les livres de la bibliothèque, il s'appliqua à refaire ce qu'il avait fait. C'était un peu comme si, en recréant intérieurement l'image de Benglar, la force et les conseils du vieux maître, qu'il avait toujours rejetés comme une contrainte, parvenaient enfin à son cœur.

Quand Zahir le rejoignit au milieu de l'après-midi, il pouvait à son gré déplacer la pierre d'un pied ou deux, en quelques minutes. Mais Zahir ne voulut rien écouter, et le tira brusquement par la main, l'entraînant précipitamment à travers l'école :

– Où étais-tu passé ? Il n'y a pas de temps à perdre, on doit partir ! Je n'ai rien trouvé dans les livres, mais j'ai essayé un Derrilath, un sort de divination. Les corbeaux dans le ciel viennent de Naghar, le roi-fantôme attaque ! Notre seule chance est d'obtenir l'aide de Décarius. On doit arriver à Alinore avant l'armée. On part tout de suite, et il faudra courir ! Viens !

L'orage menaçait maintenant ; l'air lourd et épais oppressait la respiration. Zahir marchait à grands pas quand le souffle lui manquait pour courir, et Dendrone s'accrochait à ses talons pour ne pas rester en arrière.

Quand ils atteignirent Monate, après plus d'une heure de course épuisante, les premières gouttes de pluie tombaient. Les villageois se hâtaient de rentrer les charrettes de foin chargées l'après-midi, ou de ramener les bêtes à l'étable. Ceux qui avaient terminé leur besogne restaient debout au pas des portes, scrutant avec inquiétude le ciel rempli de corbeaux. Zahir déboula comme un fou dans la rue principale en hurlant :

– La guerre ! La guerre commence ! Les corbeaux viennent de Naghar, et les soldats les suivent ! Cachez-vous dans la forêt !

Les gens s'attroupèrent dans la rue, et on conduisit chez le chef du village les deux garçons, épuisés, trempés par la pluie qui tombait maintenant à seaux. Là, on les installa devant un bon feu, et on leur offrit à souper. Mais

Zahir ne voulait pas s'arrêter, ni pour se sécher, ni pour manger ou boire, et il expliqua d'une voix hachée, essayant de reprendre son souffle :

– Il n'y a pas une minute à perdre, j'ai regardé dans la coupe de divination, et j'ai vu l'armée en marche. Le roi-fantôme est à sa tête. Il y a eu un malheur : Benglar a disparu. Nous essayons d'arriver à Alinore avant Naghar, pour avoir l'aide de Décarius. Mais je ne sais pas si nous y parviendrons, ils sont tout près : quand je les ai vus, ils entraient dans la forêt de Poth. Il y avait des cavaliers, des mammoths, des monstres d'écailles, des gargouilles… Ils avaient les armes dont vous parliez hier, les tubes de fer qui crachent la mort… Il faut que nous repartions, et vous, allez vous cacher dans la forêt. Tout de suite, n'emportez rien !

Il y avait tellement d'angoisse et de sincérité dans sa voix – et l'autorité de Benglar flottait sur lui qui était son disciple – que le bourgmestre n'hésita pas une seconde. Il envoya quelqu'un sonner le tocsin pour évacuer le village, puis il se retourna vers eux :

– Nous allons vous prêter des montures, et un homme va vous accompagner. Reven, va seller mon cheval, et préviens Pétrus de préparer le sien. Tu vas avec eux. L'étalon de Pétrus pourra les porter tous les deux, ils ne pèsent pas bien lourd. Partez tout de suite, ne vous inquiétez pas pour nous, je m'occupe des habitants de Monate.

Quelques instants plus tard, ils galopaient dans l'orage, luttant contre les bourrasques, aveuglés par la pluie, la boue rejaillissant en grosses mottes flasques sous les sabots des chevaux. Reven ouvrait la route ; cramponné à Zahir,

Dendrone, qui n'était jamais monté à cheval de sa vie, était ballotté et secoué dans tous les sens. Il lui semblait être emporté par le vent au cœur de la tempête, et cela ne s'arrêterait jamais.

Quand la pluie commença à diminuer, réduite à de grosses gouttes espacées, et qu'un peu de lumière commença à filtrer à travers les nuages, ils avaient atteint le pied de la montagne Noire ; Alinore était de l'autre côté. À partir d'ici, le chemin escaladait en lacets les pentes pierreuses, tout en s'orientant vers l'ouest sur le flanc de la montagne, pour atteindre le col du Passevent, et redescendre au sud sur la plaine. Les chevaux se mirent au pas, car le sentier était plus étroit, et souvent transformé par le ruissellement de l'orage en un torrent boueux. Ils avaient galopé, plus rapides que les corbeaux, mais ils n'avaient pas réussi à devancer l'immense nuage qu'ils formaient dans le ciel. Ici, dans les pierres et les ravins arides des pentes, leurs croassements sinistres déchiraient le cœur de Zahir, tenaillé par la hâte et angoissé par la lenteur de leur avance. Si Reven n'avait pas été là pour le ramener à la raison, il aurait continué à galoper, forçant son cheval jusqu'à se rompre le cou au fond d'un ravin.

Le soir tomba lentement, soulevant partout des filets de brume blanche. Le vent était tombé, le ciel s'était dégagé, et on pouvait voir briller timidement les premières étoiles. Les corbeaux s'étaient posés pour la nuit, et le silence n'était plus rompu que par le claquement des sabots, et le crissement des petits insectes nocturnes. Les deux chevaux avançaient l'un derrière l'autre ; Zahir et Dendrone scrutaient le ciel derrière le col de plus en plus proche : on y voyait nettement une lueur pourpre, comme celle du soleil couchant. Mais c'était au sud.

Quand ils atteignirent enfin le replat du col, le spectacle les laissa atterrés : la plaine qui s'étendait à l'infini devant eux était constellée de feux de camps, qui faisaient rougeoyer les remparts blancs d'Alinore. Ils crurent même d'abord que la ville brûlait. Pourtant elle n'était encore qu'assiégée, mais l'armée qui campait ici était tellement nombreuse qu'il ne pouvait y avoir aucun espoir. Dans la lumière dansante des flammes, on distinguait les tentes noires dans la nuit, et les silhouettes des mammoths assemblés près des murs. Les ombres des gargouilles passaient et repassaient au-dessus de la ville, et, même à cette distance, on entendait encore leurs cris aigus. Ils étaient arrivés trop tard, ils ne pourraient jamais passer.

S'ils avaient connu la vérité, ils auraient su aussi que cela valait mieux pour eux : Décarius ayant trahi, ils auraient été pris au piège dans la ville condamnée, sans espoir de faire revenir Benglar. Mais les garçons ignoraient tout de la trahison du sorcier. Il leur semblait avoir perdu définitivement leur maître, et avec lui toute sa force et son savoir qui auraient permis de combattre le mauvais roi.

Chapitre 6

La cabane de berger

Il faisait trop sombre pour rentrer à Monate, et de toute façon il n'y avait plus personne au village. Reven décida de chercher un abri pour la nuit, et ils repartirent vers le nord, pour ne plus voir l'armée de Naghar.

Reven connaissait la montagne. Il les emmena à flanc de pente, puis un peu plus haut, dans un vallon couvert d'herbe courte et élastique, sur laquelle les chevaux marchaient sans bruit. La lune n'était pas encore levée, et les deux garçons ne distinguaient plus rien dans les grandes formes noires de la montagne ; ils seraient passés sans la voir près de la cabane de berger tapie sous un gros rocher. Reven poussa la porte et battit son briquet d'amadou pour faire un peu de lumière. Il n'y avait là qu'un lit de paille, mais un fagot de bois sec était préparé dans la cheminée ; Reven l'alluma aussitôt. Ils installèrent les chevaux dans l'étable attenante, et mangèrent en silence une miche de pain, tassés devant le feu près duquel leurs manteaux séchaient en fumant. Dendrone s'endormit sitôt la dernière bouchée avalée, et Zahir s'installa à côté de lui, tandis que Reven veillait.

À l'aube, Reven et Zahir n'eurent pas le cœur de réveiller Dendrone roulé en boule dans la paille, pâle et le visage tiré ; ils partirent sans lui explorer le vallon, à la recherche de baies ou de racines à manger.

Quand Dendrone se réveilla, il faisait jour, le soleil brillait, et il était seul. Une occasion inespérée de réaliser le plan qu'il avait élaboré la veille au soir : partir lui-même en Rêve à Naghar pour chercher Benglar. Après tout, c'était sans doute sa faute si le vieux maître avait disparu. Il ne savait pas bien comment s'y prendre pour le Rêve, mais il saurait se débrouiller.

Il sortit de la cabane, et s'assit dans l'herbe, face au nord. Très loin par-dessus la forêt, plus loin que le léger scintillement du fleuve Maliran, à des lieues d'ici, les steppes et les terres froides de Naghar se brouillaient dans le bleu de l'horizon. Dendrone refit ce qu'il s'était tellement entraîné à faire la veille, dans la petite salle de la vieille école : il pensa très fort à son vieux maître, et s'efforça de recréer son image dans son esprit. Alors son nomen s'envola.

Il n'en eut pas tout de suite conscience, il eut même un instant de panique, lorsque, pensant simplement tourner son regard, il vit la forêt défiler rapidement en dessous de lui. Il y eut un flottement, une sensation de chute, mais il réussit à se reprendre, et à repartir malgré sa peur. Il resta longtemps concentré sur l'image de Benglar, fixant l'horizon sans rien voir. L'évocation de son vieux maître lui donnait du courage. Peu à peu, il prit de l'assurance, et commença à risquer de brefs regards ici et là.

Le monde était flou autour de lui, et il ne pouvait en regarder qu'une petite partie à la fois, un peu comme dans un rêve ordinaire, un simple rêve qu'on fait endormi. Pourtant, s'il fixait longtemps une montagne ou une rivière, l'image devenait nette et stable. Il n'avait pas de sensation de vitesse mais, quand il se risquait à regarder en bas malgré un vague vertige, il voyait le monde filer comme un torrent silencieux.

Au nord de la forêt, après le Maliran, s'étendaient de grandes plaines d'herbes jaunes. En temps normal, c'était un pays lumineux et paisible. Mais partout il voyait les ruines de la guerre, les champs piétinés, les villages détruits. Le monde lui semblait désert, juste des images, sans mouvement, ni son, ni chaleur, ni froid : rien que le gris et l'obscurité qui remplaçaient peu à peu les couleurs au fur et à mesure qu'il avançait vers le nord. Puis une énorme forteresse noire, menaçante et féroce, apparut au loin. Il ne pouvait plus la quitter des yeux, elle grandissait si rapidement qu'elle emplit le ciel ; et il tomba.

Il s'était heurté au rempart de magie noire que redoutait même Benglar ; sans expérience, il s'y était cogné de plein fouet, et le choc le laissa un moment assommé.

Quand il reprit conscience, son nomen flottait toujours au pied des grands murs, mais il ne savait plus où aller.

Zahir et Reven n'avaient pas cueilli grand-chose, seulement quelques myrtilles. En revanche, ils avaient beaucoup parlé, et Zahir avait pris une décision : il voulait contourner par le nord Alinore assiégée, et essayer de rejoindre à l'ouest la ville de Presfile, la capitale du roi Charles. Il y était allé une fois avec son maître, pour rendre visite à un vieux magicien qu'il allait essayer de retrouver.

C'était loin, mais ils avaient des chevaux, et Reven offrait de les accompagner, car le bourgmestre lui avait confié les garçons. Il ne restait que le problème de la nourriture… Plus tôt ils partiraient, plus tôt ils arriveraient quelque part où ils pourraient manger. Il fallait tout de suite réveiller Dendrone.

Ils trouvèrent le garçon étendu sur l'herbe rase d'un petit creux ensoleillé, pâle et immobile. Ils crurent d'abord à une attaque ennemie, mais il n'y avait per-sonne, tout était calme comme à leur départ. Reven fut effrayé par cet ennemi sans visage :

– C'est une sorcellerie, c'est forcément une sorcellerie. Zahir, est-ce qu'il respire ? Est-il blessé ? Peux-tu savoir quel sort a été jeté ici ?

Zahir, affolé, examinait le garçon de la tête aux pieds :

– Il est vivant, et il n'a aucune trace de blessure… Je ne sais pas ce qu'il a, je ne sais pas ce qu'il faut faire… Je voudrais que le maître soit là.

Il parlait d'une voix blanche, des larmes de désespoir brûlaient ses yeux. À tout hasard, il commença un sortilège de guérison, un petit sort pas très efficace, mais qui ne nécessitait aucun objet magique. Ses mains traçaient dans les airs des figures invisibles, tandis qu'il récitait

doucement les formules. Reven le regardait faire avec étonnement. Comme tous les villageois, il craignait la magie. Même Benglar, pourtant doux et paisible, lui faisait un peu peur. Zahir avait l'air si jeune, sans parler de Dendrone… Il n'avait pas vraiment réalisé auparavant que ces enfants, si semblables à ses propres fils, étaient des sorciers. Il se rappelait Dendrone quand il vivait encore au village : un petit garçon espiègle, toujours à la tête d'une bande de gamins qu'il entraînait partout.

Reven avait fini par interdire à son fils Borone de jouer avec lui, après une expédition hasardeuse à travers la forêt, où l'on avait mis deux jours à les retrouver. À ce souvenir, il demanda à Zahir :

– Tu connais bien Dendrone, est-ce que tout ça ne pourrait pas être une de ses idées folles, un sort qui se serait retourné contre lui ?

Zahir en fut coupé net au milieu d'un geste, ébahi par l'évidence de la remarque. Il lisait soudainement en Dendrone comme dans un livre. Bien sûr ! Convaincu d'être à l'origine du mal, il avait voulu réparer sa faute tout seul, et il était parti en Rêve chercher Benglar ! C'était bien de lui d'ajouter une deuxième bêtise pour essayer d'en effacer une première. Zahir se rappelait les avertissements de son maître sur le sortilège Sen-lal :

« Tu vois, c'est facile de partir en Rêve dès qu'on maîtrise un peu le nomen, l'esprit ne demande qu'à s'envoler. Mais c'est le retour qui est difficile, c'est pour cela que les Rêves sont interdits avant le cinquième niveau. Le sortilège tisse un fil entre ton âme et ton corps, mais il faut le renforcer constamment avec des souvenirs du lieu d'où l'on vient, et, si le fil se casse, on ne peut plus revenir. »

Il savait maintenant ce qu'il fallait faire :

– Reven, nous devons lui parler. Son esprit s'est perdu, il faut l'aider à retrouver son chemin.

Pendant des heures, assis dans l'herbe du vallon, ils décrivirent à voix haute la montagne, l'herbe rase et la mousse, les gentianes du même bleu que le ciel, les pentes d'éboulis qui glissaient parfois dans un roulement de pierres, le soleil qui montait vers le midi et qui brûlait sur la peau malgré l'air vif et froid, les sauterelles qui crissaient autour d'eux, la cabane au toit de lauzes plates, un petit lézard sur le mur.

Et très loin, sous les remparts de Naghar, Dendrone vit peu à peu apparaître dans son esprit l'image du vallon, et les visages chaleureux de ses amis ; il savait maintenant vers où se tourner, il n'était plus perdu, et il commença lentement à revenir.

Chapitre 7

Naghar

Dans la lente descente vers la forêt de Monate, ballotté sur le cheval, la tête lourde, le ventre tiraillé par la faim, mais les yeux brillants, Dendrone savourait son triomphe.

Bien sûr, sitôt revenu à lui, il avait dû subir les remontrances de Zahir, puis de Reven, puis encore de Zahir qui ne voulait pas se calmer ; et on lui avait promis les pires catastrophes s'il n'arrivait pas à s'assagir un peu. Mais quand il avait raconté son Rêve, c'était bien de l'admiration qu'il avait lue dans les yeux de son aîné.

Et puis il avait eu le dessus dans la discussion qui avait suivi. Il avait réussi à convaincre Zahir – convaincre Zahir ! – que son plan était le bon, même s'il y avait beaucoup à redire quant à sa façon de le réaliser. Bien entendu, son aîné avait posé ses conditions : Dendrone devrait obéir, être prudent, ce serait juste un essai… toutes ses réticences habituelles. Mais il avait admis qu'on ne pouvait pas perdre des jours et des jours à chercher une aide qu'on ne trouverait peut être jamais, et que c'était à eux, ici même, de prendre les choses en main.

C'était Reven qui avait été le plus difficile à persuader. Dans l'après-midi, de la fumée et des flammes étaient soudain apparues dans la direction du village de Monate. Ils savaient que les maisons étaient vides, mais depuis Reven était comme un ours en cage, dévoré d'inquiétude pour sa femme et ses enfants. Il ne voulait pas reconduire Zahir et Dendrone dans la forêt de Monate, c'était trop dangereux. Il voulait les mener en lieu sûr, même loin, pour être déchargé de son rôle de protecteur et rejoindre sa famille. Afin d'obtenir son accord, Dendrone avait fini par lui promettre qu'avec un sortilège, ils pouvaient rendre les bâtiments invisibles, et qu'ils seraient alors en sécurité. Zahir avait jeté un regard furieux, mais n'avait rien dit pour dénoncer ce mensonge.

L'école avait été épargnée : perdue comme elle l'était au fond des bois, les soldats n'étaient pas allés jusqu'à elle. La lumière dorée de l'après-midi dansait sur l'herbe de la clairière, près du bassin du héron. Tout était tellement calme et paisible, pareil à tous les autres jours, que Dendrone se frotta les yeux, s'attendant à voir Benglar venir les accueillir sous l'auvent de la porte.

Reven ne voulut pas entrer, ni même mettre pied à terre. Il accepta seulement un sac de provisions, et exigea qu'ils mettent immédiatement en place le sortilège promis par Dendrone. Mis au pied du mur, celui-ci rougit et ne sut plus que dire : il était bien incapable de rendre invisible un bâtiment aussi vaste, mais le grand et solide paysan aux yeux sévères et graves ne semblait pas du tout d'humeur à accepter sa légèreté. Pourtant, à sa surprise, il vit un petit sourire apparaître sur le visage de Reven, qui regarda autour de lui d'un air d'approbation, leur fit un vague signe de la main, et s'en alla. Incrédule, Dendrone se tourna vers Zahir qui, regardant ostensiblement ailleurs, dit d'un air faussement détaché :

– C'était juste un petit sort d'illusion, il a cru voir l'école disparaître. Ce n'est pas pour toi que je l'ai fait, c'est pour lui : il était si pressé de repartir… La prochaine fois, tu assumeras tes mensonges tout seul.

Et tournant les talons pour cacher son sourire, très satisfait de sa petite leçon de morale, Zahir entra dans le bâtiment.

Ils ne parlèrent pas beaucoup ce soir-là. Dendrone, épuisé, un peu vexé, accepta sans protester d'aller se coucher bien avant qu'il fasse noir. Zahir tentait d'élaborer un plan d'action, maintenant qu'il avait plus ou moins accepté de partir en Rêve chercher Benglar. Il essaya de trouver des informations dans la bibliothèque, mais même les livres ne parvenaient plus à lui donner le sentiment de sécurité qu'il éprouvait auparavant, ni la certitude que tout le savoir et toutes les réponses étaient ici à sa portée. Le vieux maître lui manquait, et il ne se sentait pas prêt à assumer le poids des responsabilités qui étaient tombées sur ses épaules. Il finit par s'endormir lui aussi, trop fatigué et malheureux pour s'inquiéter des dangers qui les menaçaient.

Ils partirent en Rêve ensemble le lendemain de bonne heure. Il aurait mieux valu que Dendrone reste pour guetter l'arrivée des soldats, mais Zahir pensa qu'il était inutile de vouloir le laisser en arrière : il aurait suivi de toute façon. Zahir avait d'ailleurs renoncé à tout prévoir et tout organiser, dépassé par l'ampleur de la tâche.

Il se sentait pourtant plutôt optimiste ce matin, dans sa chère école, avec la belle lumière du soleil. Il sourit en songeant qu'il commençait à ressembler à Dendrone…

Il fut émerveillé de voir soudain le monde défiler en dessous de lui. C'était son premier Rêve, mais, au contraire de Dendrone, Benglar l'avait déjà bien préparé. Il savait comment ralentir, changer de direction, s'approcher des choses qu'ils voulaient regarder, et leur voyage vers Naghar commença comme une promenade au-dessus du monde, côte à côte, unis comme s'ils se tenaient par la main.

Quand ils arrivèrent au nord où tout devenait sombre et gris, ce fut Dendrone qui prit la direction. Il empêcha son ami d'être happé par la forteresse. Ils contournèrent les énormes remparts, survolant l'eau huileuse des douves. Mais ils ne trouvèrent aucun passage par où entrer, aucune faille dans le mur invisible qui protégeait Naghar. Alors ils partirent explorer les environs.

Partout autour d'eux la terre était nue et craquelée, empoisonnée par les maléfices. L'air était obscurci comme par un brouillard de fumée. Vers le nord, des montagnes en dents de scie découpaient le ciel noir. Une large route pavée s'y dirigeait tout droit, bornée de pierres phosphorescentes qui dessinaient au loin un long collier vénéneux ; elle était encombrée de convois de soldats et de chariots énormes, montés sur de triples roues cerclées de fer ; les soldats aux armures noir et jaune étaient tous armés des nouvelles armes.

D'un commun accord, les garçons suivirent la route en la longeant à quelque distance, sans oser la survoler.

La montagne devant eux était éventrée par une mine à ciel ouvert. Les mineurs étaient pâles et maigres, et des gargouilles volant de terrasse en terrasse les harcelaient avec des cris stridents. Les minerais dévalaient avec fracas des gouttières de bois vers les chariots stationnés au centre de la carrière, et l'air était noir de poussière. Un peu plus haut dans la vallée, de longues bâtisses alignaient leurs cheminées dans le lit à sec d'une rivière dont l'eau avait été canalisée dans d'énormes tuyaux de fer. Leur fumée brune roulait en gros nuages, les portes et les fenêtres étincelaient comme les crevasses d'un volcan. C'étaient les forges du roi-fantôme. Mais la route continuait encore plus loin.

Ils hésitèrent un moment devant la mine, n'osant pas s'approcher des gargouilles qui s'énervaient, comme si elles devinaient leur présence invisible. Pourtant, le dernier tournant de la route les attirait irrésistiblement. Que pouvait-il y avoir après ? Ils se lancèrent en avant.

La route se terminait quelques lieues plus loin, entre deux hautes colonnes de pierre ; derrière, on voyait les pentes nues de la montagne. Mais entre les colonnes, des hommes apparaissaient et disparaissaient, transportant des caisses venues de nulle part, qu'ils chargeaient sur un chariot.

C'était une Porte, une Porte qui donnait sur rien. Une Porte magique qui s'ouvrait sur le Deuxième Monde. C'était donc de là que provenaient les armes qui préoccupaient Benglar. Ils n'avaient pas trouvé leur vieux maître, mais ils avaient trouvé ce qu'il était parti chercher, ce pour quoi il s'était perdu.

C'est alors que les gargouilles, qui criaient et tournaient de plus en plus haut dans le ciel, les repérèrent et fondirent sur eux. Dendrone échappa de justesse au bec béant qui voulait l'avaler et ils s'enfuirent, portés par le vent violent du nord.

Lorsqu'ils furent revenus à eux dans la vieille école, sous le clair soleil de midi, ils restèrent un moment abasourdis par tout ce qu'ils venaient de voir. Ils savaient maintenant ce que voulaient savoir tous les sages et les puissants du monde. Mais que faire de cette connaissance ? Ils étaient deux enfants isolés dans la forêt, entourés d'ennemis. Alinore était hors d'atteinte, sans doute déjà tombée, Décarius peut-être mort. Et qui d'autre avertir ? Charles ? Galmus ? C'était trop loin, et comment se faire écouter ? Dendrone ne voulait pas baisser les bras, il échafaudait toutes sortes de solutions plus ou moins réalistes.

– On pourrait aller voir le roi Charles en Rêve, et essayer de se faire comprendre !

– En Rêve ? Il ne nous verrait même pas.

– On viendrait pendant son sommeil, peut-être pourrions-nous alors lui parler ? Ce serait comme s'il rêvait de nous.

– Je ne sais pas si on peut le faire ; et puis voudra-t-il nous croire ? C'est un grand roi, il ne suit pas les conseils des enfants.

– Mais on pourrait toujours essayer… et puis il faudrait trouver le contre-sort qui arrêterait ces armes, et le lui donner. Il serait obligé de nous écouter, puisque nous seuls serions capables de sauver son royaume !

Zahir se mit à rire :

– Toi, tu crois que tu trouverais le contre-sort ? Tu n'as pas compris. Ces armes viennent du Deuxième Monde, le monde de l'envers, le monde sans magie. C'est pour cela qu'aucun sort ne peut agir sur elles, et que toutes les tentatives des sages ont échoué. Rappelle-toi, Benglar avait parlé d'une rupture dans l'équilibre du monde. Elle est là, c'est cette Porte. Le roi-fantôme s'est allié à l'autre monde. Ils vont nous envahir et nous ne pourrons rien faire.

– Je ne te crois pas. Le Deuxième Monde ne peut pas être dangereux : il n'a pas de magie. Nous pouvons le vaincre.

– Qu'est-ce que tu sais sur lui ? Rien, ou pas grand-chose…

– Et toi ? Tu fais le savant, mais tu n'y es jamais allé non plus ! Il faut retourner à Naghar, et passer cette Porte. On verra bien ce qu'il y a derrière.

– C'est trop dangereux. Pense aux gargouilles.

– Alors, on peut ouvrir une petite Porte ici, dans la forêt. On va regarder de l'autre côté, puis on revient et on la referme.

Zahir rit encore, mais ne répondit rien. C'était sans doute une idée stupide, mais au moins c'était un petit plan à leur mesure, pas trop dangereux, qui lui plaisait assez. Il évitait de trop réfléchir à son efficacité, pour ne pas s'avouer que c'était surtout la curiosité qui le poussait ; enivré par leur succès dans le Rêve, il n'était plus tellement pressé de remettre toute l'affaire entre les mains des grands de ce monde qui s'empresseraient de les tenir à l'écart. D'ailleurs, il fallait bien apporter le plus d'informations possible au roi Charles, pour se faire entendre…

Il regarda Dendrone bien droit dans les yeux :

– D'accord, on suit ton idée. Je vais chercher dans les livres s'il y a un sort qui ouvre une Porte. Viens m'aider.

Chapitre 8

Corinne

C'était la fin de l'après-midi, et il faisait encore chaud dans la cabine du camion. Corinne somnolait vaguement. Elle était fatiguée, elle avait un peu mal à la tête, mais elle se sentait très heureuse. Elle adorait accompagner son père dans ses tournées de livraison. Elle aimait la cabine d'où l'on dominait la route et le paysage, les pique-niques au bord des parkings, les clients qui plaisantaient et lui offraient une pomme ou un bonbon. Et elle avait son père à elle toute seule pour bavarder.

Il ne restait plus que quelques bouteilles de gaz à livrer dans un petit village perdu dans la forêt. Son père se tourna vers elle :

– Est-ce que tu voudrais voir l'étang des Monettes ? On passe tout près, et on est un peu en avance. Tu verras, c'est splendide !

Il arrêta le camion dans une clairière circulaire traversée en étoile par la route et deux sentiers forestiers. Une grande carte des environs se dressait au centre, et des pancartes signalaient les différentes directions. Corinne repéra vite l'étang des Monettes, le plus grand, tout bleu sur le plan, à cinq minutes de marche. Son père s'étirait encore à côté de la portière, écoutant distraitement la fin des informations :

« Les autorités militaires estiment que les vols d'armes et de munitions qui ont eu lieu ces jours derniers au nord du pays sont l'œuvre d'un gang organisé, qui dispose certainement d'informations classées secrètes. Le plan Gamma a été mis en place… »

Il éteignit la radio, et ils s'éloignèrent sur le petit sentier.

L'étang scintillait sous les arbres, entouré d'iris jaunes et de roseaux, parsemé de nénuphars ; deux canards nageaient de l'autre côté. Ils prirent le chemin qui longeait l'eau. Corinne courait devant, et son père la suivait tranquillement, souriant à la vue de sa grande gamine de onze ans poussée tout en hauteur, avec ses longues jambes maigres qui sortaient d'un short trop large et ses cheveux blonds coupés court qui la faisaient ressembler à un garçon.

Alors qu'ils avaient presque terminé le tour, ils aperçurent un héron qui pêchait, caché par de hautes tiges de joncs. Dérangé par leur présence, l'oiseau s'envola. Corinne se précipita à sa suite, et il se passa quelque chose d'étrange : elle disparut brusquement aux yeux de son père. Celui-ci poussa un cri, bondit à l'endroit où il l'avait perdue de vue, et il la revit de nouveau, debout au milieu du chemin, qui regardait le héron s'envoler au-dessus des arbres. Il se frotta les yeux, pensant que le soleil bas et brillant lui avait joué un tour, et ils repartirent ensemble vers le parking de la clairière.

Très loin des Monettes et tout près à la fois, Dendrone et Zahir avaient réussi à ouvrir une Porte.

Cela n'avait pas été sans mal ; peu d'endroits semblaient convenir. Ils avaient fait beaucoup d'essais, qui les avaient entraînés loin dans la forêt, aux abords de l'étang de Monate. La route principale entre Naghar et Alinore passait tout près, et ils commençaient à s'inquiéter de la présence de soldats de l'armée du roi noir.

Enfin le sortilège Nadir avait donné un résultat : lorsque Zahir eut récité la formule, debout devant deux grands peupliers, l'air entre les troncs sembla frémir légèrement. Les deux garçons regardaient la Porte, émus et un peu nerveux, et s'apprêtaient à la passer, quand soudain un héron apparut, sorti de l'espace entre les deux arbres. Stupéfaits, ils reculèrent vivement dans les taillis, et restèrent là, figés par la crainte : le héron est un oiseau sacré, sa venue dans ces circonstances annonçait un signe.

Un instant plus tard, un enfant étrange aux cheveux courts et aux jambes nues surgissait à son tour, suivant le héron ; puis un homme courut le rejoindre, lui posa la main sur l'épaule, parla dans une langue incompréhensible, et ils s'éloignèrent sur le chemin. Et ce fut tout.

Les signes étaient clairs, on ne pouvait pas s'y tromper : c'étaient forcément des envoyés des dieux. Mais ils n'étaient pas du tout comme les auraient imaginés Dendrone et Zahir : ils auraient dû être forts, comme de grands guerriers, ou respectables comme de vieux sages. Alors que ces deux-là semblaient assez quelconques, même s'ils étaient très bizarres : l'enfant si peu vêtu avait l'air fragile et délicat, un peu comme un fils de noble – mais les nobles étaient habillés plus décemment –, et l'homme, pas très grand, un peu chauve, un peu bedonnant, vêtu de chausses bleues pleines de poches, avait l'air d'un marchand d'épices ou de tissus. Et ils parlaient ce drôle de langage… Comment s'adresser à eux ? Troublés, Dendrone et Zahir refermèrent rapidement la porte Nadir, et les suivirent de loin, en silence.

En arrivant à la clairière, Corinne et son père restèrent bouche bée : c'était bien un carrefour en étoile, mais ce n'était pas le même. Il n'y avait pas de route goudronnée, pas de parking, pas de carte sur un grand panneau, juste un grand hêtre au croisement des sentiers et un chemin de terre plus large là où aurait dû être la départementale.

– Qu'est-ce que c'est que cet endroit ? Je me serais trompé de chemin ? Mais il n'y a pas deux clairières en étoile ! J'en suis sûr, je suis venu ici des dizaines de fois, je connais la carte par cœur…

Inquiète, Corinne se serra contre son père. Il se força à rire pour la rassurer :

– Ne t'en fais pas, on fait demi-tour, et on retrouvera tout de suite le bon sentier. Tu te rappelles, en arrivant à l'étang, il y avait un gros églantier en fleur. Ce sera facile à reconnaître.

Ils allaient repartir, quand ils entendirent un bruit de pas et des voix qui s'approchaient. Le père de Corinne se précipita vers les arrivants pour demander sa route. Corinne qui le suivait se prit les pieds dans une ronce, et tomba dans les hautes herbes. Elle se retrouva aussitôt plaquée au sol par une poigne énergique, une main serrée sur sa bouche l'empêchant de crier. Comme elle se débattait, elle sentit que son agresseur redoublait d'efforts pour la maintenir immobile, et une voix à son oreille chuchota :

– *Sellith, sellith ! Maratane bargoni...* *

Elle fut submergée par la panique, et n'osa plus bouger. Elle sentit alors que celui qui la tenait relâchait légèrement son étreinte et, sans cesser de la bâillonner, lui soulevait un peu la tête pour qu'elle puisse voir par-dessus les herbes.

Et ce qu'elle vit était bien le plus stupéfiant de tout. Les hommes qui débouchaient de la forêt étaient des soldats en armures, des soldats du Moyen Âge comme dans les livres d'histoire. Ce n'étaient pas des figurants proprets, aux cuirasses de plastique trop brillantes ; non, c'étaient des hommes sales, à l'air méchant, dont les lances noircies et les cottes de mailles tailladées semblaient avoir déjà beaucoup servi. Son père était resté cloué de surprise à mi-parcours, et les hommes se jetèrent sur lui. Avec des cris incompréhensibles, ils l'entourèrent d'un cercle de piques et d'épées, le jetèrent au sol et le ligotèrent rapidement avec d'épaisses cordes grises. Puis ils le remirent sur ses pieds, et le poussèrent en avant avec leurs lances.

---

* – Chut ! Tais-toi ! Ce sont des soldats !

Il se retourna sans la voir, cria désespérément : « Corinne ! Reste cachée ! » et fut entraîné sur le chemin dans la forêt.

Corinne avait envie de hurler sous la main qui lui écrasait la bouche, et tout fut brouillé dans un flot de larmes. Elle se laissa retomber sur le sol, secouée de sanglots silencieux. Un long moment passa ainsi, puis son agresseur la lâcha doucement. Elle se retourna vivement pour lui faire face, et se retrouva devant un grand garçon brun, les cheveux coupés tout droit sur les épaules, vêtu d'une espèce de tunique grise, qui la regardait intensément et répétait doucement :

*– Miéline, ammi miéline.**

Un second gamin se précipita alors sur eux, un jeune garçon roux ébouriffé qui avait l'air complètement affolé, et Corinne, reprise de panique, se dégagea et courut vers le chemin en appelant son père. Le premier garçon la rattrapa aussitôt ; il s'efforçait de la bâillonner de nouveau, tandis que le second chuchotait d'une voix crispée :

*– Zahir, telwyn niva garhir ! Bargoni fomanseri ! Berith ! Tamnith niva, niva !***

Et tous deux l'entraînèrent sous les arbres, la traînant à moitié par le bras, tandis qu'elle sanglotait toujours, trop terrorisée pour sentir les ronces qui lui griffaient les jambes. C'est seulement quand elle entendit les voix des soldats et les craquements de branches cassées de la poursuite derrière eux qu'elle comprit que les garçons venaient de la sauver ; elle se mit alors à courir elle

* – Ami, je suis un ami.

** – Zahir, il faut partir tout de suite ! Il y a encore des soldats ! Écoute ! Viens vite !

aussi sur leurs talons, courbée en deux sur le petit sentier qui n'était guère plus visible qu'une trouée de chevreuil. Ils coururent longtemps, tellement qu'elle en avait mal au ventre et qu'elle sentait ses poumons la brûler, mais ils finirent par distancer les soldats, et ils s'effondrèrent au pied d'un arbre, haletants, anxieux au moindre bruit.

C'était une catastrophe. Zahir essayait de réfléchir aux événements qui venaient de se produire, mais il n'arrivait à formuler aucune autre pensée que celle-ci : ils avaient eu une chance immense, et l'avaient complètement laissée passer. C'était vraiment une catastrophe. Les soldats les poursuivaient, et allaient trouver l'école. Le prisonnier serait amené au roi-fantôme, qui saurait aussitôt de quel monde il était venu. Il saurait aussi qu'il y avait des apprentis sorciers qui tentaient de s'opposer à lui et ouvraient des Portes, et il ne ferait d'eux qu'une bouchée. Le cadeau des dieux, l'envoyé venu du Deuxième Monde, était perdu. Ils avaient seulement sauvé l'autre, la fille stupide qui ne servait à rien et ne faisait que pleurer.

Parce que c'était bien une fille, malgré son allure surprenante. D'ailleurs, il n'y avait qu'à la regarder sangloter ; et elle avait bien failli les faire tuer tous avec ses cris. Zahir méprisait les filles. Elles étaient toujours tenues à l'écart dans le monde des magiciens. Le savoir était l'affaire des hommes. Bien sûr, certaines femmes s'étaient rebellées et avaient créé des écoles de sorcières, leur Ligue commençait même à devenir puissante. Mais ce n'était pas de la vraie magie, elles ne faisaient pas les choses dans les règles de l'art, juste du bricolage… Du moins, c'est ce qu'on racontait parmi les jeunes sorciers. Benglar n'avait jamais voulu aborder le sujet avec lui, et, quand Zahir essayait d'en parler, le maître se mettait à rire, et répondait mystérieusement :

« Tu verras bien par toi-même, un jour. »

En tout cas, pour le moment, ils étaient en fuite, avec

une fille sur les bras. Il la regarda un instant, et se radoucit. Il avait eu une petite sœur qu'il adorait, une fillette brune et ronde aux joues rouges qui riait aux éclats quand il jouait avec elle. Et elle pleurait de la même façon quand elle était malheureuse, la tête cachée dans ses bras, le dos secoué de hoquets silencieux.

Il se rapprocha, et redit doucement plusieurs fois :

– Amis, nous sommes des amis.

Puis il lui releva le menton, lui essuya les yeux avec le coin de sa manche et, en se désignant, il dit : « Zahir. » Il montra ensuite son ami qui bougonnait de son côté : « Dendrone. » Et il pointa le doigt sur elle en levant les sourcils d'un air interrogateur. Elle répondit d'une petite voix :

– Corinne.

Dendrone éclata d'un rire moqueur ; dans la langue des Terres émergées, *coryn* signifiait : « la chèvre », et il trouvait la plaisanterie très drôle. La petite fille lui lança un regard furieux, et replongea la tête dans ses bras. Mais cette fois-ci, elle boudait.

Zahir secoua la tête avec découragement, et se retourna vers son ami :

– Qu'est-ce qu'on va faire ? Ils trouveront l'école avant demain.

– Et l'homme, où crois-tu qu'ils l'emmènent ?

– Vers Alinore, là où se trouve l'armée de Naghar. C'est quelqu'un de spécial, ils vont l'amener à leur roi. Et lui saura tout de suite qui il est, comment il est venu, et il va nous chercher.

– On doit le libérer, il est venu pour nous, c'est notre seul espoir.

– Mais tu as vu l'armée devant la ville. Ils sont des milliers… C'est impossible.

– De toute façon, cette forêt aussi sera bientôt remplie de milliers de soldats. Après tout, c'est là-bas qu'ils penseront le moins à nous chercher. Si Alinore est prise, il suffira de se mélanger aux gens de la ville, les pauvres et les mendiants des bas quartiers où les soldats ne vont pas, car il n'y a rien à piller. Et on cherchera la prison.

– S'ils le gardent en prison… Il sera peut-être mort.

– Il faut essayer, Zahir ! Les dieux sont intervenus, c'est important !

– Depuis deux jours, nous ne faisons que de mauvais choix. Tout ce que nous faisons tourne mal, et je pense que nous allons tout droit à la mort. Après tout, je n'ai rien d'autre à proposer. Faisons comme tu veux.

Il s'interrompit un instant, et regarda Corinne.

– Il faudra l'emmener avec nous.

Dendrone grimaça méchamment :

– Cette fille est idiote. Mais je suppose que tu ne voudras pas qu'on la laisse ici, attachée à un arbre… Ce serait pourtant la seule bonne chose à faire.

Zahir soupira.

– Arrête, ça ne sert à rien d'être dur avec elle. Après tout, elle aussi a été amenée par le héron. Elle est même arrivée la première…

Chapitre 9

Alinore tombée

Décarius ayant levé le sort qui protégeait les grandes portes, Alinore était tombée dès le premier matin. Le roi Raoul, sorti avec sa garde pour mourir avec honneur dans un ultime combat devant les murs, avait été enlevé par des gargouilles et amené devant son ennemi, qui d'un coup d'épée lui avait tranché la tête. Et le roi de Naghar était entré dans la ville, suivi par ses hordes déchaînées qui pillaient, tuaient, et brûlaient tout sur leur passage. Les bâtons de feu des armées de Naghar tiraient des rafales qui fauchaient tous ceux qui se trouvaient devant eux. Les blessés étaient pendus par centaines sur les places, et l'on avait monté partout d'immenses gibets. Les habitants affolés se terraient dans les caves ou tentaient de fuir, sautant parfois du haut des murs pour échapper à la terreur qui avait envahi la ville. La folie meurtrière dura trois jours, puis, au troisième soir, le roi-fantôme rappela ses troupes à l'ordre, et leur fit regagner les camps établis sous les murs. Et il alla seul s'installer dans le palais vide au cœur d'Alinore morte, silencieuse comme un tombeau, où les corbeaux régnaient sur les toits.

Pour les services qu'il avait rendus, Décarius fut nommé gouverneur de la ville désolée. Il comprit bien l'ironie de la récompense, mais il ne pouvait rien faire d'autre que de l'accepter sans broncher. On lui installa ses appartements dans une aile incendiée du palais, et on lui donna pour serviteurs des bélizards, des démons velus, malodorants et indisciplinés, qu'on utilisait d'habitude pour garder les prisonniers.

Ce fut ce soir-là qu'on amena au roi de Naghar le prisonnier de Monate. Il avait été capturé la veille, et il avait marché pendant des heures, tiré et poussé par les soldats, torturé d'angoisse pour sa fille. Il sombrait parfois dans une demi-inconscience dont il sortait effaré de se réveiller dans le même cauchemar absurde. Pourtant il était debout, pâle mais bien droit, lorsqu'on le poussa dans le palais d'Alinore ; il fut conduit devant une haute silhouette noire, presque cachée dans l'ombre d'une grande salle sans feu et sans lumière. Et bien que le roi fût entièrement recouvert par son manteau et qu'il ne pût distinguer son visage, il ressentit une peur glacée à sa vue ; il sut que c'était la mort qui se trouvait en face de lui. Alors il rassembla tout son courage, et ce fut ce qui le sauva ; car lorsque le sorcier-fantôme sonda brutalement son esprit, le froid envahit tout son corps, et il serait mort sans ce petit noyau de volonté tenace qui tint bon, au cœur de lui-même, tandis qu'il tombait inconscient sur le sol.

Le roi avait vu dans son esprit Corinne, et la Porte ; il fit appeler Décarius.

– Sorcier, sais-tu si Benglar avait des élèves ? Cet homme est arrivé par une porte Nadir, je veux savoir qui l'a ouverte.

Décarius frémit au son de cette voix sourde et glacée, face à ce spectre dont il subissait pour la première fois la présence ; prosterné face contre terre, il répondit d'une voix faible :

– Seigneur, le vieux mage n'avait plus que deux élèves dans son école. Des enfants. Le plus âgé n'est qu'au quatrième niveau ; l'autre est un novice, il n'a qu'une dizaine d'années. Il n'y a pas d'autre sorcier dans les villages des environs. Tous les magiciens d'Alinore étaient regroupés dans mon école.

– Bien. Il ne reste donc plus que ces deux-là comme sorciers vivants. Trouve-les, fais-les parler, et tue-les. Retrouve aussi la fillette qui accompagnait cet homme, et amène-la-moi. Et emporte-le (il désignait le prisonnier affaissé sur le sol) pour l'envoyer aux forges de Naghar. Il connaît les machines.

Et il congédia Décarius d'un geste de la main. Courbé sous le poids du corps qu'il portait, trop effrayé pour tourner le dos, le nouveau gouverneur d'Alinore sortit à reculons de la grande salle.

De retour à ses appartements, Décarius remit le prisonnier aux bélizards avec l'ordre de le conduire à Naghar. Puis il se fit amener une gargouille sellée, et s'envola aussitôt vers l'école de Benglar, pour y retrouver la trace des deux garçons. Il s'empressait d'obéir tant il craignait son nouveau maître et restait atterré par la nouvelle de la mort de tous ses assistants. Il trouva le bâtiment vide, les cendres froides dans les cheminées. Mais des ustensiles de magie sales et dérangés, de la nourriture restée dans les assiettes, des traces de sandales encore nettes sur le chemin devant la porte montraient que les occupants étaient partis précipitamment la veille au soir.

Il remarqua un petit tas de vêtements jetés dans la hâte du départ, parmi lesquels tranchait le jaune du tee-shirt de Corinne. Il palpa le tissu brillant, inhabituel. D'où venait cet objet ? Probablement du Deuxième Monde... Alors, la fillette se trouvait avec les garçons. Bien, cela faciliterait les recherches. Et ces habits, portés la veille par les enfants, pouvaient servir de base au sortilège du miroir qui permettrait de les localiser. Il les ramassa, et repartit vers Alinore. Le chasseur avait trouvé la piste.

Chapitre 10

Le piège

Les enfants étaient partis depuis la veille. Zahir et Dendrone avaient longtemps discuté, dans la forêt près de Monate. Ils n'osaient pas retourner à leur école, à cause du danger des soldats. Mais Zahir avait finalement décidé, tant qu'à suivre un plan insensé qui les menait tout droit sur leurs ennemis, que quelques préparatifs seraient utiles pour leur éviter au moins d'être tués trop vite : emporter des vivres, se déguiser… Ils étaient donc rentrés furtivement, emmenant avec eux Corinne qui suivait sans comprendre. Il fallait faire vite. Zahir trouva une lotion brune et huileuse dont ils se barbouillèrent tous trois de la tête aux pieds, et qui leur donnait l'apparence d'une saleté repoussante. Ils seraient difficiles à reconnaître, s'il se trouvait quelqu'un d'assez peu dégoûté pour les regarder avec attention. Il prépara aussi une poudre d'invisibilité qui pourrait les protéger quelques minutes en cas de besoin, et un sortilège de guerre, la foudre Nemroth, pour ne pas mourir sans combattre.

Ils n'étaient pas restés plus d'une heure dans l'école, sur le qui-vive : Zahir, nerveux, qui s'affairait sur ses

livres et ses potions ; Dendrone, de plus en plus angoissé, faisant le guet au-dehors. Corinne s'était endormie, épuisée, et elle était restée abattue et comme absente quand ils l'avaient réveillée. Puis ils avaient revêtu trois vieilles tuniques sales et déchirées, et ils étaient partis dans la nuit vers la montagne Noire. Alinore était à une journée de marche et, lorsque Décarius trouva leur piste, ils venaient depuis peu d'entrer dans la ville.

Et ils ne pouvaient plus avancer. Tapis sous le pont de la Nora devant le palais du roi Raoul, les trois enfants contemplaient silencieusement le vaste espace vide qui s'étendait devant eux, sans abri ni rien pour se cacher. Le Grand Parvis s'ouvrait seulement sur le portail du palais, gardé par deux gargouilles ; les flots tumultueux de la Nora barraient l'autre côté ; à droite et à gauche, les murs des jardins royaux fermaient la place. Un gibet se dressait au milieu, et, entre les croassements des corbeaux, on entendait les cordes des pendus qui se balançaient en grinçant.

Zahir et Dendrone avaient prévu de se mêler aux habitants, de poser des questions, peut-être même d'obtenir un peu d'aide. Ils ne s'attendaient pas à trouver cette ville morte et vide. Depuis que la poudre Pani, le sort d'invisibilité, avait cessé d'agir, ils avaient couru en rasant les murs, d'une cachette à une autre, pour échapper au regard perçant des gargouilles qui tournoyaient là-haut dans le ciel. Ils avançaient au hasard, choisissant simplement le chemin le mieux protégé. Et cela les avait conduits à ce cul-de-sac.

Fermant les yeux pour ne pas voir le gibet, Corinne attendait sans rien dire à côté des garçons, qui chuchotaient nerveusement entre eux dans leur langue incompréhensible. Elle se sentait pourtant moins perdue depuis le matin. Bien sûr, elle ne comprenait toujours rien à ce qui lui arrivait, et elle détestait toujours autant ce monde horrible, mais elle commençait au moins à assembler quelques idées. Elle avait compris qu'on cherchait son père. Elle avait compris aussi que les deux garçons étaient des magiciens, elle les avait vus à l'œuvre : ils lui avaient fait traverser une rivière en volant, et puis ils les avaient rendu tous les trois invisibles pour entrer dans la ville. C'était absurde et insensé, mais elle avait vu l'eau profonde et rapide en dessous d'elle, tandis qu'elle flottait sans pesanteur d'une rive à l'autre ; elle avait vu Dendrone disparaître sous ses yeux, après s'être aspergé d'une fine poudre grise tirée d'un petit sac de toile. Quand il avait parlé ensuite, c'était juste une voix venue de nulle part. L'Homme invisible... Plutôt que de se dire qu'elle devenait folle, elle avait décidé d'admettre tout, sans plus se poser de questions.

En tout cas, même s'ils ne semblaient pas lui vouloir de mal, c'était assurément de leur faute si elle était ici, dans ce monde terrible où son père risquait la mort.

Et pire, ils lui en voulaient d'être là ! Le plus grand, Zahir, veillait au moins à ce qu'elle ne manque de rien, qu'elle ne soit pas trop fatiguée ; il lui avait pris son sac dans la montagne. Il disait souvent : *Miélni*, qui semblait signifier quelque chose comme : « N'aie pas peur. » Mais le deuxième garçon, Dendrone, aux cheveux roux, était vraiment détestable. Bien qu'il soit plus petit qu'elle, il arrivait toujours à la toiser avec mépris ; il prononçait son nom d'une façon particulière, en appuyant sur le *i*, avec un petit ricanement moqueur qui l'enrageait. Si Zahir s'occupait un peu d'elle, Dendrone disait avec mépris : *Mourkout* – elle était sûre que c'était une injure. Elle aurait voulu frapper ce sale gamin prétentieux.

Mais pour l'instant elle sentait bien que les choses se passaient mal pour les garçons ; amis ou non, leur sort était lié au sien.

C'est alors qu'ils entendirent un faible gémissement. Zahir leur fit signe de ne pas bouger, et se glissa lentement entre les piles du pont. Un corps gisait dans l'ombre, un tissu sanglant autour de la poitrine. C'était Décarius, qui semblait mourant. Pourtant il se redressa d'un bond dès qu'il vit le garçon :

– Zahir, je n'ai rien pu faire, ils ont pris la ville. Je me cache depuis deux jours. Je crois qu'ils ont un prisonnier important, ils l'ont amené tout à l'heure au roi de Naghar, qui l'a gardé ici.

– Un prisonnier ? C'est sûrement celui que nous venons chercher ! Aide-nous, je t'en prie, maître Décarius, et puis nous nous enfuirons tous ensemble !

– Vous ne pouvez pas approcher du palais, il est trop bien gardé. Le roi s'y trouve. Avez-vous de la poudre Pani ?

– J'ai dû l'utiliser pour entrer dans Alinore.

– Il m'en reste un peu, assez je pense pour nous quatre. Venez, je vais vous conduire.

Zahir avait sursauté légèrement en entendant : « nous quatre ». Décarius n'avait jamais vu Corinne. Comment pouvait-il savoir qu'ils étaient trois, même s'il était un sorcier ? Il ravala pourtant ses soupçons, tant ils avaient besoin d'aide, et appela d'un signe ses deux amis.

Un instant plus tard, cachés par la poudre magique, ils entraient derrière Décarius dans le palais. Comme ils ne pouvaient se voir, ils se tenaient les uns aux autres et avançaient lentement dans les vastes salles vides – les meubles précieux avaient été emportés à Naghar. Le sorcier les guida vers une porte qui donnait sur le jardin, et leur chuchota :

– J'avais des objets magiques dans ce petit pavillon, là-bas au bout de la pelouse, devant les arbres. Si les soldats ne l'ont pas pillé aussi, il doit y rester de la poudre, et peut-être un charme qui permettrait de voir où est le prisonnier. Allons-y, vite ! le Pani va se terminer.

Le plan de Décarius était bien le fruit de son esprit tortueux. Il aurait pu se saisir des enfants aussitôt après les avoir repérés avec son sortilège de divination. Mais il s'était produit alors une chose très étrange : lorsque

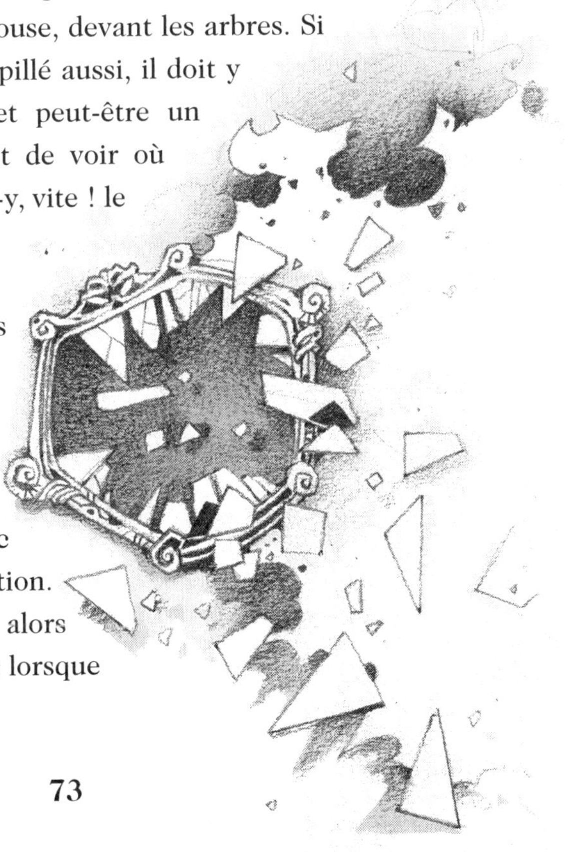

les trois petites silhouettes lui étaient apparues, un peu floues et tremblantes dans son miroir magique, celui-ci s'était illuminé comme s'il avait reflété le soleil, et il s'était brisé en morceaux.

Décarius en était resté stupéfait. Il n'avait pas assez de connaissances pour comprendre ce qui avait causé cette explosion, mais il était sûr d'une chose : un grand pouvoir se dégageait de ces enfants. La chance lui souriait, et ce qu'il venait de découvrir pouvait lui servir. Bien sûr, il n'osait même pas envisager de trahir le roi noir, tant il en avait peur ; mais s'il menait bien son affaire, il pouvait transformer en exploit la simple corvée dont il avait été chargé, en s'emparant pour son maître de ce pouvoir précieux. Pour cela, il ne fallait pas prendre les enfants trop vite ; il devait préparer un peu de mise en scène...

Jusqu'ici tout s'était déroulé sans problème. Comme il supposait que les enfants étaient venus à Alinore pour retrouver l'homme amené la veille – sur ce point, il ne se trompait pas –, il avait décidé de les attirer au palais, dans le pavillon du jardin, tout près des fenêtres du roi. Il avait préparé là un sortilège proche de celui du miroir, qui devait resplendir de la clarté de plusieurs soleils dès que tous trois seraient réunis dans la pièce. Il fallait que le roi ait vu leur puissance pour apprécier pleinement la valeur de la capture. Il suffirait de refermer la porte, et il avait prévu un sort qui rendrait la petite bâtisse aussi sûre qu'une prison. Il aurait alors un beau cadeau, bien empaqueté, pour son nouveau maître...

Dendrone entra le premier dans le pavillon ; l'effet de la poudre commençait à s'estomper, et Zahir put distinguer la silhouette encore transparente du garçon qui se glissait à l'intérieur. Il se tourna alors vers Corinne, réapparue derrière lui, et chercha des yeux Décarius, qui aurait dû se trouver bien visible à côté d'eux. Le sorcier n'était nulle part. Les soupçons de Zahir revinrent avec force, et il s'arrêta de courir. Corinne au même instant se précipita en avant pour se cacher dans la petite bâtisse, terrifiée de se retrouver si visible et vulnérable au milieu de la grande pelouse.

Dès qu'elle entra dans la petite pièce, les soleils explosèrent au-dessus de leurs têtes.

Décarius, caché près du pavillon, attendant que Zahir entre à son tour, comprit qu'il s'était trompé : c'étaient les deux plus jeunes seulement qui déclenchaient ensemble la magie du miroir, et le sortilège avait fonctionné trop tôt. Il se précipita pour refermer la porte, mais Zahir avait déjà hurlé : « C'est un piège ! » et Dendrone et Corinne ressortaient en courant, le garçon tirant la fillette par la main.

Le flamboiement lumineux s'éteignit, les deux gargouilles chargèrent en sifflant depuis le toit, des cavaliers arrivèrent au galop du fond du jardin, et le roi de Naghar apparut en haut des marches à la grande porte du palais.

Zahir lui fit face, mince et seul sur la grande pelouse du jardin, et il lança la foudre Nemroth.

Il haïssait tellement le sorcier-fantôme que la foudre éclata dans un éclair de fin du monde. Le grand portail s'écroula avec une bonne partie du palais, une boule de feu rejaillit sur le pavillon et s'écrasa sur Décarius, embrasant au passage la maigre fourrure sèche des gargouilles, qui s'envolèrent dans le ciel en hurlant. L'une d'elles avait presque atteint Corinne et Dendrone ; le garçon réussit à attraper la longue bride qui pendait de son cou, sans lâcher la main de la fillette, et ils furent emportés à toute allure vers l'ouest par le monstre fou de douleur. Zahir parvint à saisir au vol le pommeau de la selle d'un cheval affolé qui avait jeté son cavalier au sol, et il fonça droit devant lui au triple galop à travers le parc immense, sans savoir où il allait, poursuivi l'instant d'après par les soldats de Naghar qui avaient réussi à maîtriser leurs montures.

Quand le roi-fantôme se dégagea des décombres, il ne restait plus devant lui que le cadavre noirci de Décarius, gisant sur l'herbe brûlée. Son hurlement de rage glaça le cœur de tous ceux qui pouvaient l'entendre à des lieues à la ronde ; les poursuivants de Zahir, terrifiés, se jetèrent au sol, se cachant la tête dans les bras. Et Zahir s'échappa.

Deuxième partie

Rois et Sorcières

CHAPITRE 11

Les marais de Guerguennore

SUSPENDU PAR UNE MAIN À LA BRIDE DE LA GARGOUILLE, Dendrone sentait les os de son épaule se disloquer. Il ne parvenait pas à assurer sa prise, tellement Corinne se cramponnait à lui. Il aurait fallu utiliser le nomen, mais il lui était impossible de se concentrer. En bas, très loin, la terre filait à toute vitesse ; ils se tueraient dès qu'il lâcherait la corde.

Et puis le vol du monstre commença à devenir plus saccadé, moins rapide. Ses ailes endommagées par le feu se déchiraient peu à peu, et la gargouille se mit à tomber par à-coups. La main crispée de Dendrone glissait un peu à chaque secousse. Mais le sol était plus proche maintenant, et il réalisa qu'ils survolaient des marais boueux. Il empoigna Corinne et lâcha la corde. Ils atterrirent brutalement dans une mare noirâtre où ils s'enfoncèrent complètement. L'instant d'après ils ressortaient, toussant, crachant, couverts de la tête aux pieds d'une boue gluante – mais vivants.

Ils étaient tombés dans les marais de Guerguennore, une vaste zone de terres humides et d'eaux stagnantes qui s'étendait de part et d'autre de la Nora à l'ouest d'Alinore. La rivière s'étalait ici loin sur les terres, avant de traverser les montagnes du Carmane par un défilé étroit et torrentueux. De l'autre côté, c'était le royaume du roi Charles et sa capitale Presfile, la plus grande ville des Terres émergées, un grand port de commerce sur l'océan des Sélonites.

Ils étaient vivants, certes, mais pas vraiment sauvés. Les marais étaient infranchissables. Il n'y avait aucun chemin praticable sur les bandes de terre instable qui séparaient les mares putrides. L'herbe septine qui recouvrait le sol, gorgée d'eau comme une éponge, cachait partout des trous et des fondrières où le voyageur égaré pouvait être englouti subitement. Effondrés sur le bord de la mare, Dendrone et Corinne essayaient de reprendre leur souffle dans l'air malsain empli de gaz de décomposition. Un petit épineux poussait à quelques pas sur une butte un peu moins humide ; ils se blottirent dessous, tâchant de rassembler leurs forces et de réfléchir à ce qu'ils allaient faire. La nuit commençait à tomber.

Dans une salle obscure du palais d'Alinore, penché sur l'eau limpide d'une coupe de divination, le roi de Naghar les vit apparaître, petites silhouettes indistinctes et perdues dans les brumes qui s'élevaient partout autour d'eux. La lumière qui avait brisé le miroir de Décarius inonda alors la pièce, faisant frémir la surface de l'eau. Le roi renversa rageusement la coupe dont l'éclat lui blessait les yeux ; mais il sourit aussitôt d'un sourire mauvais, car il avait compris d'où provenait leur force magique, et il ne la craignait pas. Il savait qu'ils étaient pris au piège des marais, aussi ordonna-t-il d'envoyer toutes ses gargouilles survoler Guerguennore. Et il reporta son attention sur l'autre, celui qu'il haïssait le plus, le jeune garçon frêle et stupide qui avait osé l'affronter, et qui allait connaître la terreur de sa colère.

Dans les marais, la nuit s'étira interminablement, hantée par les cris stridents des gargouilles. Un brouillard épais et froid imbibait les vêtements. Les épines du petit arbre griffaient les enfants sur tout le corps à chaque fois qu'ils remuaient un peu. Quand l'aube commença à blanchir la brume, Corinne se tourna vers Dendrone, et le trouva assis immobile, comme plongé dans une profonde méditation. Elle le secoua violemment, pressée de partir et de quitter cet endroit terrifiant. Il mit longtemps à réagir et, quand il ouvrit les yeux, il était blanc de fureur et il la frappa en la couvrant d'injures :

– *Mourkout ! Emari Sen-lal, miwyn lakhedrith ! Tebrina, charrari, mourkout ! Telwyn barbrith malargoune !**

Et bizarrement, Corinne vit apparaître dans son esprit les images de toutes sortes d'animaux répugnants,

* – Idiote ! J'étais en rêve Sen-lal, tu aurais pu me tuer ! Grenouille gluante, vipère visqueuse, pauvre imbécile ! Va te noyer dans la boue !

grenouilles, larves et vipères, qui s'enfonçaient dans la fange de la mare. Elle savait que c'était le sens de ces insultes : ces êtres infâmes la représentaient, Dendrone était en train de lui souhaiter de se noyer dans la boue. Elle frémit de rage, et riposta aussitôt à coups de poing, de toutes ses forces :

– Crétin, pauvre imbécile ! C'est toi qui es un chien puant, un sale ver de terre gluant ! Tu te prends pour quoi ? Je vous déteste tous, toi, ta magie, ton monde horrible et affreux.

Au bout d'un moment, elle s'aperçut avec stupéfaction que Dendrone ne se défendait pas ; figé, les bras levés pour se protéger, il la regardait fixement avec un air très étonné. Sa colère tomba aussitôt, et elle resta muette et désemparée, sans comprendre.

Alors, sans cesser de la regarder intensément, Dendrone dit : « *Tiptel* », et attendit d'un air interrogateur. En même temps, dans l'esprit de Corinne, une image d'épine apparut, une épine de l'arbuste qui les abritait, une de celles qui les avaient griffés toute la nuit. Elle en cueillit une, et la tendit au garçon en disant : « Épine. » Il lui sourit avec approbation. Elle dit alors : « Œil », et il porta la main à ses yeux en disant : « *Annan.* » Et ils éclatèrent de rire.

Cette nouvelle façon de communiquer qu'ils venaient de découvrir était tellement merveilleuse qu'ils en oublièrent le danger, les criaillements des gargouilles, la faim et le froid. Cachés dans le brouillard blanc et cotonneux, jusqu'à une heure avancée de la matinée, ils échangèrent des mots et des images, riant ensemble de leurs découvertes. Après avoir essayé tous les objets qui les entouraient, les vêtements, les mains, les pieds, les visages, ils n'avaient plus besoin de montrer les choses pour être sûrs que l'autre avait compris, et ils s'envoyaient l'un à l'autre des images de leurs mondes respectifs ; chacun découvrait avec émerveillement un univers inconnu. Dendrone montrait à la fillette l'école, le vieux Benglar, le village de Monate et les visages chaleureux des paysans, les travaux des champs, ses jeux d'enfant, sa mère préparant le pain, les leçons de magie. Et Corinne lui répondait par des souvenirs de sa vie quotidienne, sa classe du collège et ses amies, son père et les tournées de livraison, le camion, les routes couvertes de voitures, la télévision, les jeux vidéo. Le temps semblait arrêté dans leur soif d'apprendre et de connaître, tellement ils avaient tous deux de choses à raconter.

Et puis le brouillard se leva, et la peur revint. Les gargouilles sillonnaient le ciel gris. Leurs cris semblaient plus aigus et méchants maintenant qu'on pouvait les voir, et les deux enfants se tassèrent plus loin sous le petit buisson, malgré les épines qui leur transperçaient le dos. Heureusement pour eux, ils étaient si petits dans le marais immense, et tellement couverts de boue noire, que même les yeux perçants des monstres ne pouvaient les distinguer.

Comme Corinne le regardait les yeux brillants de larmes, Dendrone lui adressa un message qu'elle ne réussit pas à interpréter, et il se plongea dans la méditation comme il l'avait fait au petit matin. Bien qu'elle n'ait pas bien saisi ce qu'il avait voulu lui dire, Corinne avait au moins compris qu'il était dangereux de le réveiller, et elle attendit en silence à côté de lui. Et le temps passa lentement dans l'angoisse, tandis qu'elle sentait grandir dans tous ses membres des douleurs sourdes dues à l'immobilité, avec la soif qui lui desséchait la gorge et la faim qui lui tordait l'estomac. Elle pensait souvent à son père, qu'ils n'avaient pas réussi à retrouver. Qu'était-il devenu ? Était-il mort ?

Son cœur bondit d'espoir quand elle vit les mouettes. Elle n'avait pas prêté tout de suite attention à leurs cris, qui ressemblaient un peu à ceux des gargouilles, en plus tristes et moins méchants. Et elle évitait de lever les yeux vers le ciel : il lui semblait être moins bien cachée quand elle regardait les sinistres formes noires. Elle finit pourtant par remarquer que le ton des cris avait changé, et que les gargouilles ne les survolaient plus de si près.

Il y avait des mouettes partout, de grandes mouettes blanches qui arrivaient de l'ouest par milliers. Elles attaquaient en nuées les gargouilles qui tentaient de se défendre avec leurs becs et leurs serres puissantes. Mais les mouettes volaient mieux et plus vite, elles virevoltaient sur le vent, piquaient et remontaient ; elles forçaient les monstres à s'élever toujours plus haut et elles leur déchiraient peu à peu les ailes. Une première masse noire tomba dans une mare où elle resta engluée, incapable de reprendre son essor.

Corinne rit et pleura de bonheur devant ce spectacle. Elle se tourna vers Dendrone ; le garçon était réveillé, et regardait lui aussi le ciel, les yeux brillants de plaisir. Parti en Rêve vers l'ouest, il avait vu arriver les mouettes, et il était revenu aussitôt avec ce flot innombrable d'oiseaux blancs, certain qu'il allait se passer de grandes choses.

Assis côte à côte dans l'herbe humide et la boue, ils regardèrent les gargouilles tomber les unes après les autres ; quelqu'un venait à leur aide.

Quand il ne resta plus un seul monstre ailé dans le ciel, les mouettes commencèrent à refluer, vers l'ouest et l'océan. Un immense albatros, d'un blanc de neige sur le ciel gris, apparut au loin. Les enfants se levèrent et s'avancèrent dans l'herbe spongieuse des marais, debout, bien visibles au bord de la mare. L'oiseau, qui tenait une petite pierre dans son bec, la lâcha à côté d'eux, où elle éclata dans un scintillement d'étincelles. Tout devint noir, et ils perdirent connaissance.

Chapitre 12

Le labyrinthe du roi noir

Le cheval de Zahir semblait avoir des ailes, et un instinct très sûr pour trouver son chemin. Quand le hurlement terrifiant du roi-spectre avait jeté à terre ses poursuivants et dispersé leurs montures affolées à travers les bosquets du jardin, Zahir s'était échappé par la porte du sud. Un bataillon de soldats armés de bâtons de feu y arrivait justement en renfort ; son cheval s'éleva d'un bond formidable par-dessus les premiers rangs et retomba au milieu des hommes de l'arrière qui se bousculèrent et s'écartèrent pour ne pas être piétinés. Et il repartit au galop entre les maisons, tandis que les soldats, revenus de leur surprise, tiraient sur lui. Mais il était déjà loin, hors d'atteinte.

Zahir n'était pas un bon cavalier, et il avait depuis longtemps lâché les rênes, cramponné des deux mains à la crinière pour ne pas tomber. Le cheval filait vers le sud, trouvant sans hésiter son chemin dans le dédale des ruelles. Arrivé au pied des énormes remparts, il escalada d'un pas lent mais sûr l'escalier qui montait au chemin de ronde et déboucha entre deux troupes de gardes, qui se précipitèrent sur eux leurs épées à la main. Avant qu'ils ne puissent les atteindre, le coursier hennit furieusement et sauta d'un bond insensé dans la Nora qui coulait en bas des murs. La rivière, qui sortait de la ville par une arche percée dans la muraille, roulait à gros remous à travers une énorme grille de fer ; le courant emporta le cheval avec Zahir toujours accroché à la crinière. Du haut des remparts, des archers leur décochèrent une pluie de flèches qui crépitèrent sur l'eau ; l'une d'elles traversa la cuisse du garçon qui cria de douleur. Mais le courant les entraînait toujours, ils furent bientôt hors de portée.

Ce n'est que bien plus loin que le cheval réussit à reprendre pied sur la rive, dans un large méandre qui formait une petite plage. Il s'ébroua et trébucha, semblant un moment trop épuisé pour continuer, puis il releva la tête, hennit et repartit au galop à travers la plaine qui s'étendait maintenant devant eux. Zahir, blessé, allongé sur l'encolure, voyait le monde se brouiller sous ses yeux.

Le ciel devenait couleur de cendre, et le soleil pâlit lentement, jusqu'à se réduire à un disque blanc et terne. L'herbe verte de la grande prairie sembla peu à peu se dessécher et se raréfier ; finalement, il ne resta plus qu'un sol nu qui résonnait comme du métal sous le claquement des sabots. Des arbres morts commencèrent à apparaître ici ou là, dardant comme des griffes leurs branches dénudées, blanches comme des ossements. Peu à peu ils se multiplièrent et il ne resta plus qu'une route étroite entre les troncs pâles, une trouée par où le cheval s'engouffra follement parmi les rameaux qui se brisaient comme du verre.

Puis les arbres devinrent des murs de pierre, et le chemin entre eux tourna lentement vers la gauche. Il y eut un autre virage, en angle droit celui-ci : la route repartait vers le nord, pour les ramener vers le roi noir.

Le cheval s'arrêta, hennit et frappa du sabot. Zahir se redressa péniblement sur la selle et frissonna. Il se frotta les yeux pour essayer de chasser ses visions ; mais les murs restèrent à la même place, épais et suintants d'humidité, hauts de dix pieds au moins. Zahir sentit la terreur s'insinuer doucement dans son cœur, car il savait qui les avait dressés sur son chemin. Le roi-fantôme était toujours vivant malgré la foudre Nemroth qu'il avait lancée, et il le rappelait vers lui pour exercer sa vengeance. Comme un chat qui joue avec une souris, il ne l'avait laissé s'enfuir que pour mieux le rattraper. Les nerfs à vif, tout près de s'écrouler en sanglots, Zahir poussa un cri de rage et de révolte. Et les yeux fixés sur le disque pâle du soleil, déjà bas vers l'ouest, il reprit les rênes et poussa doucement le cheval en avant. Le pauvre animal semblait avoir épuisé sa vaillance et sa force. Il sursautait maintenant sans raison, effrayé et nerveux ; il fallait sans cesse que Zahir le calme en lui caressant l'encolure.

En scrutant le mur sur sa gauche, il finit par découvrir, caché dans un renfoncement de la muraille, un passage étroit vers l'ouest. Il s'y engagea avec espoir, pour découvrir rapidement que ce nouveau chemin lui aussi tournait et le ramenait vers le nord. Il en trouva alors un autre, puis encore un, et encore ; des passages s'ouvraient partout pour former un grand labyrinthe au sol dallé de pierre. Mais aucune voie ne continuait jamais vers le sud.

La nuit était tombée maintenant, sans aucune étoile dans le ciel. Zahir tentait de se diriger d'instinct, à gauche, à droite, puis à gauche… les murs semblaient bouger, les passages changeaient de place, il ne pouvait même pas

savoir s'il revenait sur ses pas. Il devinait qu'il s'était sans doute déjà beaucoup rapproché d'Alinore. L'ombre était peuplée de formes vagues, qui le frôlaient parfois comme d'énormes chauves-souris. Il y avait des yeux phosphorescents dans le noir, et les dalles basculaient parfois traîtreusement sous le pas du cheval. Celui-ci suait et tremblait, et, pour qu'il continue d'avancer, le garçon finit par être obligé de lui cacher les yeux avec un morceau de sa tunique. Dans la nuit épaisse et noire, la puissance du roi-fantôme augmentait. La monture de Zahir devint sous lui un squelette qu'il chevauchait dans un cliquètement d'os. Blessé, épuisé, il se sentait gagné par le désespoir, et la tentation de se laisser glisser sur le sol en attendant la fin. Mais il savait bien que ce ne serait pas la fin, que, s'il était finalement repris, le roi-fantôme ferait durer très longtemps son supplice, pour se venger de l'insolence de son audace d'avoir tenté de l'affronter.

Quand une première étoile apparut, faible et scintillante au-dessus des murs noirs, il la regarda longtemps, se demandant ce qu'elle pouvait signifier. Et il crut entendre une voix lointaine qui lui disait :

« Le labyrinthe est une illusion ; va vers l'étoile. »

Il se demanda s'il rêvait, s'il s'était finalement endormi de fatigue, et puis, sans plus penser à rien, il poussa le squelette qu'il montait contre la muraille ; et ils passèrent au travers. Son cœur se gonfla d'espoir, avec encore la crainte que ce fût un nouveau leurre. Mais d'autres étoiles s'allumèrent derrière la première, et elles formaient une ligne bien droite qui lui montrait son chemin. Il ne regarda alors plus qu'elles, et, sans s'inquiéter des murs qui s'évanouissaient devant lui, il mit au galop sa monture redevenue de chair et de sang. Il entendit gronder dans son dos, une nuée d'ombres volantes se précipita sur lui, des spectres pâles et des visages grimaçants se dressèrent pour lui barrer le chemin. Mais le cheval avait les yeux bandés, Zahir regardait les étoiles. Ils passèrent à travers tous les fantômes dans un galop furieux, laissant loin derrière eux le labyrinthe et Alinore.

Ils filèrent à travers la plaine et atteignirent une région de collines. Là, le coursier épuisé ralentit le pas, broncha et s'arrêta, couvert d'écume. Zahir se laissa glisser dans l'herbe humide de rosée, et sombra dans un sommeil fiévreux.

Il se réveilla comme l'aube blanchissait le ciel, en entendant résonner dans la terre un bruit de sabots. Le roi noir l'avait finalement rattrapé. Son cheval avait disparu, et Zahir tenta de ramper jusqu'à un petit bosquet d'arbres, traînant derrière lui sa jambe raide et enflée. Mais les cavaliers venaient du sud et non du nord, ils portaient des tuniques rouges et des casques surmontés d'un panache de plumes blanches ; c'étaient des géants blonds aux cheveux nattés qui venaient d'Oud'barine, le royaume de Galmus. Ils crièrent de joie en le voyant, et l'emportèrent aussitôt avec eux.

Chapitre 13

Seleldiwar

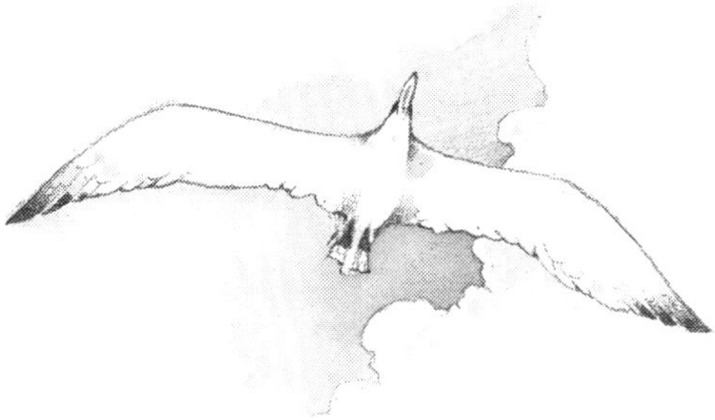

Dendrone se réveilla couché sur une paillasse dans une petite chambre aux murs blancs. Une fenêtre étroite et haute était ouverte sur le ciel bleu, il y voyait passer des mouettes et il entendait leurs cris. Et tout lui revint en mémoire.

Il regarda autour de lui, intrigué de savoir où il pouvait se trouver. Il était propre, vêtu d'une tunique neuve. La petite pièce était meublée seulement de la paillasse et d'un tabouret de bois blanc, sur lequel était posée une cruche d'eau ; il était seul. La porte était entrebâillée, alors il se leva et sortit de la chambre. Il se retrouva dans une vaste pièce claire aux murs percés de grandes baies ouvertes. L'air avait une saveur spéciale qu'il devina être celle de la mer. Des mouettes posées sur les fenêtres le regardèrent avec curiosité. Un vieil homme maigre aux cheveux blancs, vêtu de la robe des mages, lui sourit quand il entra. Dendrone s'inclina respectueusement comme on devait le faire devant un homme âgé, et attendit poliment la permission de lui adresser la parole.

– Entre, garçon, et viens t'asseoir. Tu t'es réveillé vite, c'est bien. Ton amie dort encore. Tu dois avoir faim

et soif, il faut manger avant de parler ; attends ici.

Il sortit de la pièce, et Dendrone vint s'asseoir à une longue table de bois blanc, en regardant avec étonnement les oiseaux qui restaient là sans frayeur, comme apprivoisés. Il réalisa qu'en effet, il avait très faim. Dès que le vieil homme lui apporta du pain et des poissons grillés, il se précipita dessus et avala le tout en quelques minutes. Puis il s'appuya avec satisfaction contre le mur, soupira longuement, et rougit en prenant conscience de sa goinfrerie. Le vieux sorcier se mit à rire :

– Ainsi donc, c'est toi l'élève chéri de Benglar ! Je te voyais plus grand. Mais tu n'es pas si mal pour un novice, et tu viens d'accomplir d'assez beaux exploits !

Dendrone rougit de plus belle, et demanda :

– Qui êtes-vous, maître ? Et comment me connaissez-vous ? Est-ce vous qui nous avez sauvés ? L'albatros…

– Non, il appartient au roi Charles. C'est un foëne, un albatros géant des îles de Bass, loin à l'ouest dans l'océan des Sélonites. Le roi l'a capturé par magie, et il voyage maintenant avec lui en rêve Sen-lal. C'est lui qui vous a ramenés ; mais c'est moi qui avais envoyé les mouettes. Je suis Seleldiwar, un ami de ton maître, et tu es à Presfile. C'est le roi Galmus des royaumes du Sud qui nous a avertis que vous aviez besoin d'aide : il était en Rêve à Alinore quand vous avez affronté le Sans-Nom. Il s'est chargé de son côté de protéger ton ami.

– Zahir ! Qu'est-il devenu ? Avez-vous des nouvelles de lui ? Est-ce qu'il va bien ?

– Ne t'inquiète pas, il est maintenant avec le plus puissant magicien des Terres émergées, après Benglar. Tu n'as plus de souci à te faire.

Dendrone sourit et soupira de nouveau, puis, après un instant de silence, il rougit encore et dit avec gêne :

– Je ne comprends pas. Vous dites que c'est le roi lui-même qui est venu nous chercher, et qu'un autre roi vous avait alertés. Mais pourquoi… pourquoi de si grands personnages font-ils attention à nous ?

– Tu es trop timide, petit paysan ; après tout, vous êtes les élèves que Benglar a choisis, c'est déjà beaucoup. Et ton ami Zahir a osé combattre seul le Sans-Nom, alors que de grands et forts guerriers s'enfuient terrifiés à sa seule vue. Mais la vraie raison en ce qui te concerne, c'est que toi et la petite fille, vous possédez ensemble un pouvoir magique très puissant, qui a surpris les plus grands sages. Qui est-elle ? D'où vient-elle ? Que faisiez-vous à Alinore ?

– Elle s'appelle Corinne, elle vient du Deuxième Monde, et c'est un héron qui les a conduits vers nous, elle et son père. Nous avions ouvert une porte Nadir. Nous cherchions…

Et comme tout lui revenait en mémoire, Dendrone ajouta tristement :

– Nous avons échoué. Nous n'avons pas retrouvé l'envoyé des dieux, et c'est trop tard maintenant.

Après un instant, il regarda gravement le vieux magicien qui attendait en silence la suite de son récit :

– Saviez-vous que Benglar avait disparu ?

– Nous savons qu'il a été pris au piège à Naghar, et c'est là le pire coup qui nous ait été porté. Nous voulions le convaincre d'accepter de prendre la tête de la guerre, et de conduire ensemble tous ceux qui combattent le Sans-Nom. Avec lui, la victoire aurait été assurée, mais désormais l'avenir est sombre.

– Mais pour les armes, les nouvelles armes du roi-fantôme, saviez-vous qu'elles provenaient du Deuxième Monde ? Nous l'avons vu à Naghar, ils y ont ouvert une grande Porte.

Seleldiwar le regarda intensément, soudain inquiet et préoccupé ; il resta un moment plongé dans ses pensées, assemblant les bribes d'informations que lui avait fournies le gamin. Dendrone de son côté essayait de comprendre ce qu'il lui avait dit sur Corinne. Que signifiait cette histoire de pouvoir puissant ?

Le vieux sorcier avait repris la parole :

– Je crois que je comprends. L'homme ne compte pas, c'est la petite fille que le héron a amenée. Elle est ton complément.

Et comme Dendrone ouvrait de grands yeux, il continua :

– Ton complément, ou ton double, ou ton contraire, comme tu veux. Tu sais que les sortilèges prennent leur force dans l'association d'éléments opposés, l'eau et le feu, ou la lumière et l'ombre… La magie elle-même n'existe pour nous que grâce à l'existence du monde sans magie derrière le Nadir. Corinne est l'être qui te correspond de l'autre côté, et entre vous il y a la force magique des deux univers.

– Alors elle et moi, nous pouvons détruire le roi noir ?

Seleldiwar eut un sourire triste.

– Je ne le pense pas. Sa magie à lui prend sa puissance dans l'opposition de la mort contre la vie, et elle vous détruirait. Non, je pense que la fillette est là pour rétablir l'équilibre du monde.

– Benglar avait parlé d'une fracture, et Zahir pensait que c'était la Porte dans Naghar. Est-ce cela dont vous parlez ? Corinne aurait été envoyée pour m'aider dans la tâche de réparer cette faille ?

Le vieux magicien se mit à rire :

– Comme tu y vas ! Elle aurait été envoyée pour Toi, pour T'aider, Toi... N'as-tu jamais envisagé que ce puisse être le contraire, et que tu aies été mis là sur son chemin pour l'aider, Elle ? Son monde aussi est en danger si le Sans-Nom réunit les deux univers sous sa domination, dans un immense chaos peuplé de morts vivants. Et il n'y a chez elle personne pour le combattre. Je crois que c'est cela votre tâche, aller ensemble de l'autre côté du Nadir pour en chasser l'ennemi. Mais je ne savais rien de ce nouveau danger, et je vois que nos forces vont être mises à rude épreuve.

Une porte s'ouvrit alors dans le fond de la pièce, et Corinne entra timidement. On l'avait habillée d'une robe longue richement brodée de petite fille de la cour, et elle était un peu gênée dans ces nouveaux vêtements. Elle fit pourtant une forte impression sur Dendrone, qui la trouva soudain très belle, mais le garçon ne voulait pas perdre la face : il l'accueillit par un message moqueur évoquant un ver devenu papillon. Elle lui lança un regard noir et commença à préparer une réponse cinglante quand, à leur grande surprise, Seleldiwar se mit à lui parler dans son propre langage.

Elle lui répondit aussitôt, heureuse de trouver enfin quelqu'un qui la comprenne, et elle souriait de plaisir tandis qu'il sortait lui chercher à elle aussi du pain et du poisson. Dès qu'elle eut mangé, ils discutèrent pendant un long moment. Dendrone un peu vexé d'être ainsi mis à l'écart rongeait son frein et ravalait ses questions. Que disaient-ils ? Comment le vieux sorcier connaissait-il cette langue ? Et puis Seleldiwar se tourna vers le garçon et sourit avec malice :

– N'avais-tu pas compris que ma magie à moi était celle des noms et des mots ? Tu aurais dû le deviner, quand je t'ai dit comment je m'appelais*. Et je t'ai dit que c'était moi qui avais envoyé les mouettes. Je parle aux oiseaux, aux poissons, et à toutes les bêtes qui courent sur la terre.

Et il ajouta tristement :

– Mais le Sans-Nom échappe à mes pouvoirs.

Puis il se redressa et leur dit en se dirigeant vers la porte :

– Je dois aller parler au roi Charles. Dendrone, il faut que Corinne apprenne notre langue, elle en aura besoin si elle reste quelque temps parmi nous. Elle m'a dit qu'elle pouvait communiquer avec toi, commence tout de suite les leçons. Le temps est désormais compté, le Sans-Nom doit chercher sa vengeance. De ton côté, essaie d'apprendre son langage.

Tandis qu'il passait la porte, Dendrone ne put s'empêcher de le rappeler :

* Dans la langue des Terres émergées, Seleldiwar signifie « se taire-parler ».

– Excusez-moi, maître, mais je voudrais savoir… Vous avez dit que la magie du roi-fantôme reposait sur la vie et la mort, et la vôtre sur le silence et la parole. Mais celle du roi Charles ? Et celle du roi Galmus ? Et celle de Benglar ?

Seleldiwar se mit à rire :

– Tu es d'une curiosité insatiable, et je n'en finirai jamais avec toi ! La magie du roi Charles réside dans l'océan et les terres émergées, celle de Galmus dans le soleil et la nuit, et celle de Benglar dans le nomen, qui suffit à lui tout seul puisqu'il contient déjà toutes les contradictions de la vie.

– Mais alors, il y a plusieurs magies ?

– Non, il n'y en a qu'une. Mais chaque sorcier doit choisir dans quels éléments il va trouver sa force, et on a tendance ensuite à négliger les autres.

Et coupant court d'un geste à d'autres questions, le magicien quitta la pièce.

Chapitre 14

Galmus

C'est porté comme un enfant dans les bras d'un grand soldat blond que Zahir entra dans la vaste salle à manger pleine d'un brouhaha joyeux ponctué de rires sonores. Il était sale, et plus seulement à cause du maquillage mis pour entrer dans Alinore ; sa tunique déchirée laissait apparaître sa jambe enflée, rouge et couverte de sang séché.

Au milieu de la salle aux piliers de pierre était dressée une longue table couverte de plats fumants ; l'odeur de viande grillée emplissait la pièce. Il n'y avait là que des hommes, des guerriers et des seigneurs richement vêtus qui mangeaient et buvaient en parlant bruyamment. Tout au bout, dans un large fauteuil sculpté, trônait une espèce de géant barbu, large comme une armoire, aux cheveux roux nattés. Dès qu'il vit Zahir, il imposa le silence d'un geste, et cria d'une voix forte :

– Saluez ce garçon ! Il vient de combattre le roi des morts !

Tous les hommes se levèrent alors et se tournèrent vers les arrivants, en claquant des mains et en criant un énorme hourra. Zahir, gêné de sa position ridicule, chuchota au soldat qui le portait de le reposer par terre, et s'effondra aussitôt qu'il fut remis sur ses pieds. Le géant vint le relever en riant et l'assit à côté de lui sur un siège, tandis que tous s'esclaffaient avec bonne humeur. Ce grand guerrier, vêtu d'une armure sans ornements, portait un fin cercle d'or dans les cheveux, et, à la façon dont il commandait à tous, Zahir devina qu'il se trouvait devant le roi Galmus. Il balbutia un timide salut, et baissa les yeux sous le regard du roi qui le dévisageait avec sympathie.

– Ne t'inquiète pas de ton apparence : elle est glorieuse pour des guerriers comme nous. J'étais à Alinore, en rêve Sen-lal, et je t'ai vu affronter le maudit. Ton Nemroth était magnifique, et il a anéanti le traître ; mais tu ne pouvais pas tuer l'autre, puisqu'il est déjà mort. Personne n'a encore trouvé le sortilège qui pourrait le détruire. J'ai un peu aidé ta fuite, en guidant ton cheval ; mais dans le labyrinthe je ne pouvais plus agir, et j'ai dû vous abandonner un moment pour revenir ici préparer un charme. Le roi des morts avait mis beaucoup de sa puissance pour te reprendre ; tu t'es fait là un terrible ennemi.

Il rit de nouveau, comme à une bonne plaisanterie. Zahir demanda avec inquiétude :

– Seigneur, les deux enfants qui étaient avec moi, savez-vous ce qu'ils sont devenus ?

– Tes deux amis se sont accrochés à une gargouille qui les a emportés vers l'ouest. Je ne pouvais rien faire pour eux à cette distance, et il fallait empêcher le roi des morts de les reprendre, alors je les ai confiés au roi Charles de Presfile.

Il s'interrompit, et son visage prit une expression de ruse mauvaise.

– Nous ne sommes pas vraiment en bons termes et, bien que nous nous parlions quelquefois par un sortilège Pennedwir, il ne me rend pas de services. Mais je savais comment l'appâter : je lui ai montré la puissance magique qu'ils avaient fait flamber dans le pavillon. J'étais sûr qu'il ne pourrait pas résister à l'envie de s'approprier un tel pouvoir, et qu'il irait chercher tes amis. Quoi qu'il en soit, ils doivent être en sécurité maintenant.

« Mais occupons-nous plutôt de toi. Ta jambe a vilaine allure, il y avait sûrement du poison sur la flèche. Ne bouge pas.

Galmus posa une main sur la tête du garçon, et récita doucement quelques formules en dessinant de l'autre main des figures dans l'air. Zahir reconnut un sort de guérison voisin de celui qu'il avait exécuté sans résultat sur Dendrone, dans la cabane du berger. Mais à sa grande surprise, celui-ci se révéla très efficace, et il sentit la douleur disparaître tandis que sa jambe reprenait peu à peu meilleur aspect. Il put se mettre debout, et il s'inclina profondément devant le roi.

– Sire, vous m'avez sauvé la vie. Je serai désormais votre serviteur.

Galmus éclata de rire :

– D'abord, gamin, garde ton « Sire », et appelle-moi Galmus, comme tout le monde. Je ne suis roi que parce qu'il fallait bien quelqu'un pour remplacer ce bon à rien de Bérédic, mais je suis avant tout un sorcier, et un guerrier. Et je n'ai pas besoin de serviteur. Mais tu peux rester ici tant que tu le veux, tu es le bienvenu. Tu pourras apprendre la magie d'Oud'barine avec mes fils.

Galmus appela deux jeunes gens, assis plus loin à la table.

– Sourwen, Madig ! Ce garçon est notre invité, vous lui montrerez le palais et la ville, et vous l'emmènerez aux leçons et à l'entraînement. On a besoin de compagnons valeureux comme lui pour combattre Naghar. Mais d'abord, servez-lui à manger !

On apporta à Zahir une serviette et de l'eau, et il se retrouva aussitôt attablé devant un énorme gigot rôti et une coupe de vin épais et sombre. Tous ces grands guerriers lui parlaient d'égal à égal, écoutant le récit de son combat dans Alinore, et lui parlant de leurs propres exploits. Le vin lui tourna rapidement la tête, et il rit bientôt aussi fort qu'eux, heureux et fier d'être ainsi accepté.

Pendant les premiers jours que Zahir passa à Oud'barine, il eut de longs entretiens avec Galmus ; le roi lui annonça tristement la mort de Benglar.

– J'ai été à Naghar en Rêve il y a quelques jours, porté par un corbeau. Je n'ai pu rester qu'un court moment, mais je suis entré dans la grande salle – le roi des morts n'y était pas. Et j'ai vu le corps de Benglar. Il l'a exposé dans une cage de fer, en le conservant par je ne sais quel sortilège, mais il est bien mort, Zahir. Je l'ai

sondé longtemps, et il n'y a plus en lui le moindre souffle de vie.

Zahir sentit qu'un grand froid envahissait son cœur, et il contint à grand-peine ses larmes. Galmus se trompait pourtant : l'esprit de Benglar était toujours vivant, enfermé dans la caisse de plomb où le Sans-Nom l'avait laissé pour une longue torture.

Le roi lui parla surtout de Corinne et de Dendrone, du Nadir et des armes du roi des morts, qui provenaient du Deuxième Monde. Il passait de longues heures à chercher un charme capable d'arrêter les balles, pour être en mesure de lancer un assaut contre Alinore avant que le roi noir ne l'attaque le premier. Il interrogea minutieusement Zahir, l'obligeant à se souvenir de la moindre parole de Benglar sur ce sujet ; mais Zahir ne pouvait rien lui dire qu'il ne sût déjà. Galmus avait ouvert une Porte près d'Oud'barine, et il testait dans l'autre monde tous les sortilèges qu'il pouvait trouver. Aucun d'eux n'avait jamais pu agir. Il commençait à regretter d'avoir laissé les enfants au roi Charles : leur force magique, qui provenait du Nadir, aurait-elle pu conserver son pouvoir de l'autre côté ? De toute façon il était trop tard. Dendrone et Corinne étaient à Presfile, et Charles ne laisserait jamais Galmus les approcher. Il n'y avait aucune aide à espérer de cet aristocrate orgueilleux et froid, qui s'obstinait, malgré le danger, à refuser toute alliance avec un voisin qu'il méprisait comme un barbare parvenu. Zahir aurait quand même voulu essayer de contacter Dendrone en Rêve, pour se rassurer sur son sort. Mais Galmus l'en dissuada : Charles était très puissant et ombrageux, le danger était trop grand.

Le magicien finit par concentrer ses efforts sur le père de Corinne, qu'il avait retrouvé en Rêve à Naghar, où il travaillait dans les forges à monter des machines. Et il laissa Zahir à la compagnie de ses fils.

À Oud'barine, le garçon découvrit un monde très différent de ce qu'il connaissait. Si Galmus était déjà un sorcier assez extraordinaire, la magie qu'on pratiquait ici lui sembla encore plus étrange. C'était presque un art militaire, et l'exercice du contrôle du nomen passait par un entraînement à la lutte et au combat.

À sa première leçon, Zahir se fit battre en quelques instants par le jeune garçon qu'il affronta sur le tor, le carré de terre battue entouré d'une barrière où se déroulaient les combats. Il n'était pourtant pas mauvais pour utiliser le nomen, et il aurait pu soulever au plafond n'importe lequel de ces grands guerriers. Mais il n'avait jamais appris à développer ses réflexes, et il n'arrivait pas à ressentir assez d'agressivité pour mettre toute son énergie à vaincre. Heureusement pour lui, tout le monde mit charitablement sa défaite sur le compte de sa récente blessure, et on le laissa ensuite assister simplement aux entraînements, sans y participer. Il resta ébloui par le spectacle. Les combattants, agiles et précis, enchaînaient les mouvements dans une espèce de danse rapide et brutale, impossible à comprendre et à décomposer mais d'une efficacité implacable. Zahir décida de s'entraîner quand il serait seul.

Il acquit beaucoup plus de prestige aux leçons de sortilèges. Il put même leur apprendre certains charmes ignorés à Oud'barine, bien qu'une grande partie de son savoir, tourné plutôt vers la connaissance et la guérison, n'intéressât personne. Et il devint très ami avec Madig et Sourwen, qui le traitaient comme un homme, ce qui était pour lui un plaisir dont il ne se lassait pas.

CHAPITRE 15

Prisonniers à Presfile

APRÈS LE DÉPART DE SELELDIWAR, CORINNE ET Dendrone restèrent un moment silencieux, réfléchissant à ce que leur avait dit le magicien. La petite fille se sentait pleine d'émotions contradictoires. Le plaisir d'avoir enfin trouvé quelqu'un avec qui elle pouvait parler se mêlait à de l'inquiétude pour son père, bien que le vieux mage lui ait affirmé qu'il était vivant. Elle était encore effrayée par ce monde bizarre, où on la menait ici et là sans qu'elle puisse rien comprendre, mais elle se sentait enfin en confiance avec ce vieil homme si bienveillant. Il lui avait laissé entendre qu'elle était importante, qu'elle allait avoir quelque chose à accomplir… Mais quoi ? Cela avait un rapport avec le garçon. Elle se tourna vers Dendrone qui lui sourit gentiment. Dire qu'ils se détestaient tant, la veille encore ! Corinne secoua la tête, et s'avança à la fenêtre regarder dehors.

Les mouettes s'envolèrent nonchalamment à son approche, pour se reposer quelques pas plus loin, sur une terrasse blanche couverte d'oiseaux, qui surplombait une petite cour. Un haut mur surmonté d'un chemin de ronde bouchait la vue à droite. À gauche, de grands toits de tuiles vernies vertes, rouges et jaunes aux motifs compliqués se chevauchaient et mélangeaient leurs pignons sculptés et peints. Une place pavée s'étendait en arrière, et on y distinguait de loin l'éclat de statues dorées. Corinne, émerveillée, appela Dendrone. Ils sortirent sur la terrasse, marchant doucement entre les oiseaux qu'ils dérangeaient à peine. Un vent frais chargé de fines gouttelettes déposait un goût de sel sur leurs lèvres, et ils entendaient le fracas des vagues derrière la muraille.

En bas, dans la cour sous la terrasse, des gamins vêtus de tuniques jouaient aux osselets et se poursuivaient en criant. Dendrone les appela, et ils levèrent les yeux en les saluant joyeusement. Ils semblaient étonnés de voir une fille, et la montraient du doigt en riant un peu bêtement, et puis l'un d'eux monta l'escalier pour venir les rejoindre. Seleldiwar avait dû laisser ses instructions, car le garçon apportait un grand livre qu'il donna à Corinne avec un profond salut. C'était un livre d'images qu'on utilisait pour apprendre à lire aux enfants, et les pages étaient illustrées de dessins d'objets de toutes sortes. Les trois enfants s'assirent côte à côte sur le petit muret de la terrasse, et la leçon commença : les garçons montraient les dessins en prononçant les noms à voix haute. Corinne répétait avec application, et elle fut bientôt complètement absorbée dans l'effort.

Quand ils levèrent les yeux après un long moment, Seleldiwar était debout devant eux et les regardait en souriant. Mais il avait l'air préoccupé, et il resta un moment silencieux, comme s'il choisissait ses mots. Il leur parla dans leurs deux langues, traduisant chaque phrase à la petite fille pour qu'elle comprenne bien ce qu'il avait à dire.

– Le roi veut vous voir tout de suite. Notre discussion s'est mal passée. Il a décidé de prendre Corinne avec lui au palais, tandis que Dendrone restera ici avec moi, à l'école.

Corinne, effrayée, se serra contre le garçon qui lui semblait soudain son seul ami, son seul allié fidèle.

– Mais je ne veux pas partir ! Je veux rester avec lui !

Seleldiwar eut un sourire triste.

– Le roi ne me fait pas confiance, et il ne veut pas courir de risque en vous laissant réunis ailleurs que sous son contrôle ; vous représentez un pouvoir trop précieux. Je peux essayer d'obtenir un délai, le temps que Corinne apprenne notre langue. Mais n'ayez pas trop d'espoir ; il est en colère contre moi, et je ne suis qu'un vieux maître d'école.

Dendrone était révolté :

– Il n'a pas le droit de nous séparer ! C'est un héron qui nous a réunis, les dieux ont parlé ! Et qu'est-ce qu'elle fera là-bas toute seule, sans personne qui la comprenne ?

Seleldiwar baissa la tête sans répondre et, leur faisant signe de le suivre, il descendit l'escalier.

Le roi Charles les reçut dans la grande salle d'audience, au fond de laquelle trônait un énorme siège sculpté élevé sur plusieurs marches. Il était assis là, sévère et sombre, impressionnant avec ses cheveux argentés et son manteau doublé d'or ;

il les laissa sans un mot traverser toute la pièce et venir s'incliner devant lui. Au bout d'un moment, comme il ne supportait plus ce silence, Dendrone dit d'une voix mal assurée :

– Sire, vous nous avez sauvés, et nous vous devons la vie. Nous sommes à votre service.

Le roi répondit froidement :

– Je l'entends bien ainsi. Mais à l'avenir, tu ne dois plus prendre la parole sans que je t'en aie donné la permission. Je dois vous observer un moment, pour connaître le pouvoir qui vous est échu, et savoir comment l'utiliser. Seleldiwar, tu peux te retirer.

Le vieux maître releva alors la tête, et tenta de présenter au mieux sa requête :

– Sire, je vous prie d'excuser mon audace, mais je crois que ces enfants ont encore besoin de repos et de détente ; et il faut que la fillette apprenne à parler notre langue. Ils devraient rester encore quelque temps à l'école avec moi.

– Nous en avons déjà parlé, sorcier, et, si tu insistes encore, je vais vraiment croire que tu veux utiliser leur force à tes propres fins. Serais-tu un traître ?

Seleldiwar tressaillit sous l'insulte, mais poursuivit obstinément :

– Vous savez que je ne veux rien utiliser. Et vous-même, Sire, vous feriez bien de réfléchir encore avant de vous engager dans la voie que vous avez choisie. Ces enfants ont leur propre destin, et il est dangereux pour le monde entier de les empêcher de l'accomplir.

– Il n'y a qu'un seul danger pour Presfile, c'est Naghar. Je détruirai le Sans-Nom, et pour cela j'utiliserai tous les moyens que je pourrai obtenir. C'est la seule

vérité pour moi, et je n'ai pas besoin de tes conseils. Pars maintenant, ou mes gardes te mettront dehors !

Le vieux mage tint bon malgré la menace.

– Sire, j'ai toujours été un conseiller fidèle, et vous ne pouvez pas sur un coup de colère balayer tant d'années d'amitié. Je ne suis qu'un petit sorcier devant vous, mais nul ne peut mieux que moi lire les signes. Vous savez que vous avez tort et, même si vous me faites chasser par vos soldats, vous n'en aurez pas plus raison.

Sans écouter davantage, le roi se leva et fit un signe de la main. Les gardes s'avancèrent et entraînèrent Seleldiwar hors de la pièce, sous le regard horrifié de Corinne et Dendrone qui n'osaient plus bouger ni respirer. Charles sortit alors de la salle par une autre porte, en appelant sèchement les enfants, qui le suivirent en silence.

Ils entrèrent dans une salle de magie grande ouverte sur la mer. Ce n'était pas seulement une large fenêtre qui donnait sur l'océan, c'était tout un mur qui manquait, et la pièce à trois côtés ressemblait à une vaste grotte percée haut dans une falaise. On ne voyait que les vagues jusqu'à l'horizon, et leur bruit emplissait l'air comme elles se brisaient sur les rochers en bas du mur. Le roi Charles avait sans doute élaboré un sort de protection, sinon les jours de tempête la salle aurait été balayée par les flots. En plus des objets que Dendrone avait l'habitude de voir chez un magicien, il y avait ici toutes sortes de choses étranges, de gros coquillages, une corne torsadée de licorne de mer, des algues sèches, des galets polis par les vagues gravés de signes et de dessins, et des poissons monstrueux que le garçon n'avait jamais vus.

Charles fit asseoir les deux enfants côte à côte sur un petit banc face à la mer, et ils l'entendirent préparer quelque chose derrière eux ; une vague très haute s'éleva alors sur la mer, et explosa en milliers de gouttelettes colorées qui retombèrent comme un feu d'artifice. Le sorcier fit entendre un grognement d'approbation, mais fit taire sèchement les enfants qui s'exclamaient devant le spectacle. Et il se remit à d'autres préparatifs qu'ils ne pouvaient pas voir. Ils n'osaient pas remuer ni tourner la tête, et ils sentaient avec angoisse la présence du roi derrière leur dos, comme une menace. Corinne adressa à Dendrone un message inquiet sur leur séparation, il sentit sa peur et lui serra la main. Pour se calmer, la fillette concentra ses pensées sur sa leçon du matin, et elle s'appliqua à se remémorer patiemment les images, articulant sans bruit les mots qu'elle avait appris. Dendrone comprit vite ce qu'elle faisait, en voyant lui aussi les dessins défiler dans son esprit. Il se prit au jeu et essaya de l'aider quand elle butait sur des mots, mais il était obligé d'articuler en silence. Quand Corinne resta bloquée sur l'image d'une chaise, il tenta vainement de lui faire deviner le mot *mermab*, qu'elle n'arrivait pas à lire sur ses lèvres ; il s'absorba si bien dans son effort qu'elle finit par l'entendre dans son esprit. Elle le regarda avec surprise, laissant échapper un petit rire, vite réprimé par un sec rappel à l'ordre de Charles. Ils s'entraînèrent alors à recommencer, et peu à peu ils surent comment il fallait faire. Et ils reprirent alors de plus belle les leçons, à l'insu du roi, évadés ensemble dans un monde à eux seuls, où ils étaient libres, malgré leur puissant gardien qui les condamnait à l'immobilité et au silence.

Quand le soleil fut haut dans le ciel, vers midi, le roi Charles appela des serviteurs qui ramenèrent Dendrone à l'école, et conduisirent Corinne au palais. On la fit entrer dans un logement richement décoré et meublé, qui donnait sur une cour intérieure fermée ; des servantes lui apportèrent à manger, puis on la laissa seule.

Chapitre 16

Sorcières

Les jours passaient rapidement, remplis d'activités et de découvertes, et Zahir se sentait heureux à Oud'barine. Il accompagnait Sourwen et Madig partout, aux leçons et à l'entraînement, mais aussi à leurs fêtes et à leurs sorties dans la ville. Il rencontrait avec eux toutes sortes de gens, des seigneurs, des conducteurs de caravanes qui avaient voyagé dans le monde entier, des éleveurs de chevaux, des troubadours... Il rencontrait aussi des jeunes filles, car tous les riches d'Oud'barine invitaient les deux princes à des bals avec l'espoir de les avoir un jour pour gendres. Et dans leurs escapades nocturnes, Madig et Sourwen fréquentaient les auberges, où ils plaisantaient avec les servantes et les chanteuses.

Zahir était enivré de vin, de rires et de bruit ; il souriait souvent sans raison, lui d'ordinaire plutôt taciturne. Il savait bien qu'il aurait dû penser à Dendrone, et au danger qui planait sur le monde. Mais il remettait toujours cela à plus tard : il y avait tant de nouvelles choses à voir, tant de gens à connaître...

Il s'était écoulé une dizaine de jours environ quand Galmus envoya ses deux fils au nord du royaume recruter de nouveaux soldats pour ses armées. Il y avait eu là des combats victorieux qui avaient repoussé l'armée de Naghar ; et pour grossir ses troupes, le roi voulait enrôler les paysans des villages qu'il venait de reconquérir.

Les deux princes étaient heureux de cette chevauchée à travers la campagne. Ils partirent avec Zahir à la tête d'une troupe de cavaliers, en bavardant et en riant.

Leur principal sujet de plaisanterie était l'arrivée d'une délégation de sorcières, venues proposer une alliance à Galmus. Le roi avait accepté, trop intelligent pour mépriser une aide qu'il savait si puissante ; mais les orgueilleux guerriers d'Oud'barine se sentaient humiliés de s'allier à des femmes, et ils prenaient leur revanche en les raillant copieusement. Sourwen les avait vues lors de la négociation : elles avaient l'air de paysannes, les pieds nus et les mains calleuses. Il inventait sur elles des histoires délirantes, dans lesquelles elles attaquaient Naghar en y envoyant des poules et des cochons, et où elles empoisonnaient le roi noir en lui offrant des œufs pourris. Tous se renvoyaient la balle pour raconter l'histoire la plus drôle, et Zahir n'était pas en reste.

Il fut brutalement dégrisé en arrivant au premier village conquis. Les maisons incendiées étaient les mêmes qu'au village de ses parents ; les enfants effrayés qui s'enfuyaient en pleurant à la vue des soldats ressemblaient à ses petits frères. La troupe s'arrêta sur la place, et les soldats s'éparpillèrent à travers les rues vides pour rassembler les paysans qui s'étaient cachés dans les ruines et les caves. Ils les poussaient à coups de piques, frappaient les récalcitrants, repoussaient durement les enfants et les femmes qui tentaient de s'accrocher aux hommes qu'on emmenait. Zahir, immobile et pâle, regardait la scène avec l'impression de revivre un cauchemar. Il croisa les yeux d'un jeune homme qui cracha dans sa direction. Il se rendit compte alors avec horreur que cette fois-ci, il était du mauvais côté. Sans qu'il se soit rendu compte de rien, il n'aurait même pas pu dire comment c'était arrivé, il faisait maintenant partie des tueurs et des brutes. Il chercha des yeux Sourwen et Madig, espérant trouver un appui dans sa révolte ; mais les deux princes surveillaient impassiblement le rassemblement, avec juste l'air un peu ennuyé de quelqu'un qui attend la fin d'une corvée pénible. Zahir faillit tourner bride et s'enfuir au galop, mais au même moment, juste à côté de lui, une femme se jeta devant les lances en injuriant les soldats, et fut blessée d'un coup de pique. Un homme grand et maigre, sans doute son mari, arracha l'arme des mains de l'agresseur, et le blessa d'un coup au ventre. Il fut aussitôt maîtrisé et immobilisé par plus de vingt hommes. La punition d'un tel acte était la mort, et Madig s'avança vers lui l'épée nue.

Zahir se jeta sur son ami en hurlant. La rage et le désespoir décuplaient ses forces, il le fit tomber à terre, lui fit lâcher son arme et le roua de coups. Madig, d'abord surpris, riposta violemment, et dans la lutte qui suivit, comme Zahir s'efforçait de l'empêcher de reprendre son épée, la lame se trouva retournée contre le prince et s'enfonça dans sa poitrine. Madig s'effondra sur le sol. Zahir hébété, qui regardait sans comprendre son ami étendu à ses pieds dans une mare de sang, fut assommé d'un coup de masse par Sourwen fou de colère.

Il ne sut pas comment s'était passé le voyage de retour. Il revint à lui dans une prison d'Oud'barine, couché sur le sol d'un cachot sans fenêtre. Il resta allongé ainsi un long moment, immobile, les yeux ouverts sur l'obscurité, à essayer de comprendre ce qui s'était passé. Il n'avait pas voulu tuer Madig. Il était certain d'être condamné à mort, et il pensa, avec un amusement détaché qui le surprit, que tous ses anciens amis viendraient assister à son exécution. Il était encore sous le choc, qui s'ajoutait à trop de peurs et d'émotions subies depuis deux semaines ; il ne se comprenait plus lui-même, et tout lui semblait vaguement irréel.

Il resta longtemps enfermé, sans notion du temps, et, quand on vint enfin le chercher, il n'aurait pas pu dire s'il s'était écoulé dix heures ou plusieurs jours. On lui attacha les mains dans le dos, et on le poussa ainsi dans les rues, comme un malfaiteur, sous les huées des passants qui s'attroupaient sur son passage. Il fut conduit jusqu'au palais, et amené devant le roi.

Galmus était sombre et sévère, mais il semblait

plus triste qu'en colère. Il le regarda longtemps avant de parler :

– Si Madig était mort, je t'aurais tué de mes mains. Il est hors de danger maintenant, et je n'oublie pas que tu étais un ami, et un homme valeureux. Tu auras la vie sauve, mais je te bannis d'Oud'barine, à tout jamais. La sentence de mort s'appliquerait si tu revenais un jour dans le royaume.

Il s'interrompit, et continua sans le regarder :

– Tu peux encore faire une dernière chose pour moi, si tu veux tenter de racheter un peu ta faute. Les sorcières vont repartir, et elles veulent que je leur donne un magicien pour leur enseigner tout ce qu'elles ne connaissent pas. Et même s'il se trouvait dans Oud'barine un sorcier qui puisse accepter sans honte de les suivre, je ne peux me séparer maintenant d'aucun de mes hommes. Pars avec elles.

Et comme Zahir, humble et les yeux baissés, acceptait tacitement, le roi fit appeler la délégation de femmes.

Les sorcières étaient bien comme les avait décrites Sourwen : des paysannes vêtues de simples robes beiges ou brunes, les cheveux tirés en arrière serrés dans un fichu. Elles étaient plutôt jeunes, et toutes avaient un air grave et tendu. La plus âgée dévisagea Zahir sans complaisance, et protesta auprès du roi :

– C'est un gamin que tu nous donnes ! Qu'est-ce qu'il pourra nous apprendre ? Tu nous prends pour des ignorantes, et tu veux nous cantonner à la magie qu'on enseigne aux enfants !

Galmus eut un sourire froid et sans joie.

– Tu auras celui-ci, ou personne, Mérédith ! Mais tu verras qu'il est mieux qu'il n'en a l'air. C'était l'élève de Benglar d'Alinore, et je crois qu'il vous conviendra davantage que les sorciers-guerriers d'Oud'barine.

Et détournant la tête pour signifier que la discussion était close, il se dirigea vers la porte. Avant de sortir, il regarda une dernière fois le garçon :

– Tu es pourtant vaillant et courageux, mais tu te trompes de combat. C'est le roi des morts qu'il faut abattre, et pour cela nous n'aurons pas trop de toutes nos forces. Nous ne pouvons nous permettre d'en perdre même une petite partie en vaines sentimentalités.

C'est ainsi que Zahir quitta Oud'barine sans un adieu, seul sur un vieux cheval derrière la caravane des sorcières qui ne s'occupaient pas de lui et discutaient entre elles à voix basse. Il n'était pas malheureux, juste encore un peu absent et détaché. Il repensait souvent à ce que lui avait dit Galmus ; mais il n'avait pas l'impression de s'être trompé. Au contraire, il savait qu'il avait enfin été lui-même, après toute cette période d'incertitude pendant laquelle il s'était efforcé d'imiter des amis qu'il admirait. Il était un paysan, pas un seigneur ni un guerrier. Et finalement, il en était plutôt fier.

Le voyage vers le nord-ouest dura plusieurs jours, au rythme lent des bœufs qui tiraient la charrette contenant tous les bagages. Aux haltes du soir, Zahir prenait sa part du travail pour installer le campement, mais personne ne lui parlait vraiment, et il dormait à l'écart des autres, enroulé dans une couverture près du feu. Il pensait souvent à Dendrone et à Benglar. Il se sentait très seul.

Ils arrivèrent un matin, au bout de cinq jours, sur une colline qui dominait une large rivière.

– La Sérélanne, dit Mérédith.

Puis elle lui montra à l'ouest la rive cachée dans la brume, et ajouta :

– L'école de Serlani est là-bas. Nous y serons avant midi.

Quand il découvrit devant lui les longs bâtiments de bois, Zahir ne put s'empêcher de rire, et fut foudroyé du regard par les femmes qui crurent qu'il se moquait de leur école. Confus et rougissant, il ne put que balbutier :

– Excusez-moi, c'est juste que… eh bien, j'ai l'impression de rentrer chez moi.

Il fut remercié de ses mots par le sourire chaleureux d'une des jeunes filles. À partir de ce moment, les sorcières commencèrent à l'accepter parmi elles.

Toutes les femmes de Serlani étaient venues voir Zahir. C'était un événement attendu depuis le départ de la délégation : un homme allait venir à l'école ; et elles se demandaient de quoi il aurait l'air. En le voyant si jeune et mince, les jeunes filles et les petites élèves se mirent à rire, et c'est tout rouge et un peu vexé que le garçon entra dans le plus grand bâtiment, où un bon repas attendait les voyageurs. Il fut reçu par dame Fériane, une forte femme à la peau brune, aux cheveux noirs de jais et aux yeux brillants. Elle aussi le dévisagea d'abord avec surprise, et eut l'air contrarié ; mais Mérédith lui parla à voix basse, et elle accueillit finalement le jeune homme avec un grand sourire. Il fut assailli aussitôt de questions.

Les sorcières avaient appris toutes seules, en dehors du monde des magiciens, qui écartait les femmes. Et elles étaient avides de connaissances, d'informations, de tout ce qui pourrait les aider sur les problèmes qu'elles n'arrivaient pas à résoudre. Zahir, ébahi, pris par surprise, s'efforçait de rassembler tout son savoir pour être à la hauteur de la situation, mais il était souvent dépassé par la précision et la finesse des questions. Fériane avait alors une petite grimace de déception, et elle sautait à un autre sujet.

Après le repas, pendant lequel Zahir avait plus parlé que mangé, ils passèrent encore cinq heures dans la salle de magie, où il dut faire toutes sortes de démonstrations de sortilèges, sous l'œil attentif de la sorcière. Il finit par s'embrouiller dans ses formules, et elle le libéra en riant :

– C'est un bon début. Nous reprendrons demain matin. Repose-toi maintenant, visite Serlani. Pour ce soir, je te demanderai juste de me noter quelques sorts…

Et elle lui mit dans les mains un cahier tout neuf avec de l'encre et une plume, et lui dicta une liste des charmes qu'elle voulait avoir par écrit. Puis elle le poussa dehors.

Ne sachant pas trop où aller, Zahir erra vaguement entre les bâtiments, regardant autour de lui avec curiosité. Il fut bientôt entouré par toute une bande de fillettes qui l'appelaient en riant et s'accrochaient à sa tunique.

Serlani ressemblait à l'école de Benglar, mais en beaucoup plus joyeux. Il y avait ici beaucoup de monde, une vingtaine de femmes et de jeunes filles, et plus de trente petites élèves, si bien qu'on entendait partout les bavardages de voix claires et gaies. À Oud'barine, Zahir avait vu les sorcières tendues, indignées du mépris qu'on leur manifestait. Mais ici, elles riaient beaucoup. Zahir s'en aperçut vite à ses dépens car, dès son arrivée, il devint la cible principale de leurs taquineries. Timide, il n'osait pas répondre, et faisait semblant de n'avoir rien entendu ; mais elles s'amusaient beaucoup quand il finissait par rougir, et elles essayaient pour rire de le mettre en colère. Quand dame Fériane s'en aperçut, elle prit sa défense, et on finit par le laisser tranquille.

On menait à Serlani la vie qu'il avait toujours connue, partagée entre les leçons de magie et les travaux quotidiens. Les bouleaux légers de la forêt bruissaient dans le vent, et la rivière imposait partout sa présence, par son grondement paisible qui emplissait les nuits, et par les brumes blanches qui s'élevaient le soir, et tardaient à disparaître au matin.

Il passait la plus grande partie de son temps avec Fériane, qui le faisait travailler sans relâche. Il en comprit la raison quand elle lui expliqua que, selon l'accord passé avec Galmus, quatre cents sorcières devaient bientôt rejoindre Oud'barine. Elles se hâtaient donc pour mettre au point leurs techniques d'attaque, et se rencontraient tous les soirs en Rêve, venues des soixante-douze écoles des Terres émergées.

Au fil des conversations, Zahir avait raconté peu à peu tous les événements qui s'étaient produits depuis la disparition de Benglar ; Fériane sembla très intéressée par ce qu'il lui raconta sur Corinne, Dendrone et le Nadir. Elle revenait souvent sur le sujet, surtout sur ce que Benglar avait dit d'une rupture dans l'équilibre du monde. Elle finit par lui dire que le Conseil des sorcières s'inquiétait beaucoup de la Porte ouverte à Naghar, et de savoir les enfants à Presfile. Le Conseil n'avait pas de contacts avec le roi Charles, ni aucune information sur ce qu'il avait l'intention de faire ; mais pour diverses raisons, il ne leur semblait pas la personne idéale pour aider Corinne et Dendrone dans la tâche qu'ils devaient accomplir. Si bien qu'il fut finalement décidé que, malgré l'imminence de la guerre et l'urgence des préparatifs, Fériane irait avec Zahir à Presfile, pour ramener les enfants.

Chapitre 17

Évasion

Corinne et Dendrone étaient toujours prisonniers. Ils ne se rencontraient que sous la surveillance sévère du roi Charles, mais ces séances dans la salle de magie étaient pour eux le meilleur moment de la journée. Le roi n'avait généralement pas besoin de leur participation, si bien qu'ils restaient assis, les yeux fixés sur l'océan, si sages que le sorcier pensait les avoir définitivement matés, et ils discutaient en silence. Ils avaient mis les bouchées doubles pour les leçons, et Corinne pouvait maintenant dire presque tout ce qu'elle voulait ; ils parvenaient à communiquer même quand ils étaient séparés. Isolés l'un de l'autre par la volonté du roi Charles, ils étaient devenus inséparables.

Heureusement pour Corinne, qui était très seule. Les servantes du palais ne lui parlaient pas. Elle-même ne pouvait s'adresser à elles sans montrer qu'elle connaissait maintenant leur langue, ce qui n'aurait pas manqué d'éveiller les soupçons du roi. Les enfants tremblaient tous les jours de ce que pourrait faire le sorcier, s'il devinait leur secret. S'ils avaient réussi jusqu'ici à tromper sa vigilance, c'était seulement parce qu'il était trop absorbé dans ses expériences. Et puis, il les utilisait simplement comme des objets de pouvoir, au même titre que la terre et l'eau, sans se préoccuper de ce qu'ils pouvaient penser.

Dendrone s'était vite fait des amis à l'école de Seleldiwar. Mais le vieux mage lui parlait peu, comme s'il était honteux de son incapacité à s'opposer aux agissements du roi ; il semblait plus vieux, voûté et triste. Dendrone n'osait rien lui dire sur ses conversations avec Corinne : que ferait le magicien si le roi Charles l'interrogeait ? Il voulait les protéger, bien sûr, mais cacher des informations au roi ressemblerait trop à une trahison…

D'autant plus que leur principal sujet de discussion était maintenant leur évasion. Comme à son habitude, Dendrone échafaudait toutes sortes de plans, que même Corinne trouvait irréalistes, elle pourtant peu habituée à ce monde de magie. Escalader le mur d'enceinte, s'envoler au-dessus du palais par la force du nomen en emportant son amie, s'emparer d'un sortilège Pani… C'était plus que ce qu'il pouvait faire, d'autant qu'ils étaient surveillés par un très grand sorcier. Pourtant, ils finirent par trouver une faille à leur prison : la salle de magie était grande ouverte sur l'extérieur, et ils y étaient assis chaque jour, à trois pas de la liberté. Mais en bas, il n'y avait que les rochers et la mer ; il aurait fallu voler à la vitesse des mouettes pour échapper au roi.

Un jour qu'ils étaient assis là face à la mer, discutant silencieusement pour la centième fois du problème, ils virent passer devant l'ouverture le grand albatros blanc qui les avait sauvés dans les marais, et Dendrone imagina un plan : il irait en Rêve chercher l'oiseau, et ils s'enfuiraient avec lui. Ils décidèrent d'agir dès le lendemain, à un moment où le roi ne ferait pas attention à eux. Sitôt que l'albatros, commandé par Dendrone, apparaîtrait devant l'ouverture, Corinne devrait saisir dans ses bras le corps du garçon, et sauter dans le vide. Dendrone promettait de réussir à les rattraper, et de les amener très loin, avant que Charles ait pu rien faire.

Zahir et Fériane arrivèrent à Presfile au soir de ce même jour. Le roi refusa de les recevoir, malgré le sceau du Conseil des sorcières, et les fit refouler sans ménagement à la grande porte. Mais Zahir se souvenait de Seleldiwar, à qui Benglar avait autrefois rendu visite. Il appela un petit aide-cuisinier qui rentrait du marché, et lui donna un message pour le vieux maître d'école. En voyant évoqué le nom de Benglar, Seleldiwar sentit son cœur se gonfler d'espoir, et la nuit tombée il se glissa discrètement hors de l'enceinte du palais pour les rencontrer.

Il les retrouva dans une petite auberge, où ils mangeaient en silence, assombris par leur échec. Ils discutèrent toute la nuit.

Fériane était allée en Rêve à la Porte de Naghar, pour évaluer le danger. Elle l'avait trouvée élargie, embrassant maintenant toute la largeur de la vallée, et sur plusieurs milles aux alentours, la terre fumait et tremblait légèrement. Le brouillard noir qui obscurcissait la région cachait maintenant le soleil. Dans ce crépuscule sans fin, on pouvait entrevoir des fantômes mouvants, qui apparaissaient et disparaissaient sur la surface du fin voile tremblant qui marquait la frontière du Nadir. Les forges crachaient du feu, et les convois de chariots ramenaient d'énormes caisses à Naghar.

La sorcière espérait malgré tout que Charles aurait pris conscience de la menace qui pesait sur le monde, et qu'il était en train de préparer une contre-attaque avec Dendrone et Corinne. Mais Seleldiwar la détrompa en hochant sombrement la tête : le roi ne voulait le pouvoir des enfants que pour le seul bénéfice de Presfile, et il ne comprenait pas leur vrai rôle.

Ils parlementèrent longtemps. Le vieux magicien, obstiné dans sa loyauté, refusait de les aider à organiser une évasion. La seule chose que Fériane et Zahir purent obtenir de lui fut la promesse qu'il irait parler au roi, pour tenter une dernière fois de le convaincre. Ils finirent par accepter de ne rien faire avant son retour, bien qu'ils n'aient quant à eux guère d'espoir. Et ils se quittèrent ainsi au petit matin.

Ce jour-là, le roi Charles s'était fait amener Dendrone et Corinne dès l'aube, pour tester sur eux un sortilège qui utilisait la force du soleil levant. Sitôt assis sur le petit banc, Dendrone était parti en Rêve pour chercher le grand albatros. C'est à ce moment que Seleldiwar entra brusquement, dans un vacarme de bousculade et de cris de gardes qui tentaient de l'empêcher de passer la porte. Le roi, interrompu brusquement dans la concentration préparatoire du sort, se retourna furieux.

– Hors d'ici, vieux fou ! Gardes, arrêtez ce traître, et jetez-le en prison !

Tandis que les soldats, hésitant malgré tout à empoigner le vieil homme, essayaient de l'entraîner vers la porte, Seleldiwar tenta doucement d'expliquer au roi les raisons de sa venue. Mais Charles ne l'écoutait pas, et s'avança vers lui, prêt à le frapper pour le faire taire.

À cet instant, l'immense silhouette blanche de l'albatros emplit le ciel à l'ouverture de la salle ; Corinne saisit Dendrone dans ses bras et sauta dans le vide, vers les rochers où tout en bas se brisaient les vagues. Le grand oiseau vira légèrement sur le vent, et rattrapa les deux enfants.

Dendrone crut un instant qu'il avait gagné la partie ; mais l'albatros était l'oiseau du roi, et suivait sa volonté. Charles reprit en un instant le contrôle, chassant l'esprit du garçon qui flotta, étourdi, perdu un moment. Dans la violence de cette courte lutte, Corinne fut oubliée et tomba dans la mer. Elle réussit malgré tout à ne pas lâcher le corps du garçon, et à surnager dans les vagues.

Seleldiwar et les gardes, qui s'étaient avancés stupéfaits jusqu'au bord de la pièce, virent en dessous d'eux les têtes des enfants que les vagues recouvraient à chaque instant, et le grand albatros, mené maintenant par le roi, qui plongeait vers la mer pour les reprendre. Sans réfléchir à ce qu'il était en train de faire, Seleldiwar appela l'oiseau par son nom, le suppliant de sauver les petits prisonniers, et de les emmener à Serlani. Au son de cette voix qui lui parlait dans son langage, le sort qui liait l'albatros fut rompu, et il redevint lui-même, libre et sauvage. Il entendit la prière de cet homme qu'il savait son ami, et chassa le roi-sorcier ; il poussa un cri sonore et clair, glissa sur les vagues, saisit délicatement les enfants dans son bec énorme et disparut en un instant au-dessus du palais.

Tandis que Charles restait prostré sous le choc, Seleldiwar réalisa ce qu'il venait de faire. Il avait finalement trahi son roi ; et pour cela, il allait mourir. Profitant

de la stupeur des gardes qui ne comprenaient rien à ce qui venait de se passer sous leurs yeux, il se glissa hors du palais. Fériane et Zahir le virent arriver en courant, les cheveux et la robe en désordre. En phrases hachées, essoufflé, il leur expliqua ce qui venait de se passer.

Sans perdre une minute, la sorcière et le garçon coururent seller les chevaux. Zahir prit le vieil homme avec lui, et ils s'élancèrent dans les rues étroites où ils bousculaient les passants. Ils réussirent à prendre quelques milles d'avance, au galop dans la ville, et tout droit à travers champs. Puis ils virent au loin derrière eux la troupe de cavaliers lancée à leur poursuite, avec à leur tête le roi Charles, dont les cheveux blancs étincelaient dans le soleil du matin.

Leur avance ne pouvait pas durer : Zahir n'était toujours pas meilleur cavalier, surtout avec le vieux sorcier cramponné à son dos. Fériane, déjà âgée et un peu grosse, plus douée pour la parole que pour l'action, n'était pas faite pour une telle course. Lorsque les flèches sifflèrent à leurs oreilles, Seleldiwar appela tous les oiseaux du ciel, et les chevreuils, les lièvres, les renards et les mulots, toutes les bêtes cachées dans les haies et les taillis ; et il leur demanda de les aider.

De toute la région alentour, une vague vivante à plume et fourrure, qui rampait, courait ou volait, emplit l'air de cris et de mouvements. Les chevaux des soldats se cabrèrent au milieu des bestioles qui se faufilaient sous leurs jambes, jetèrent leurs cavaliers au sol et s'éparpillèrent de tous côtés. En se retournant, Zahir et ses amis virent le roi qui se relevait. Dans sa colère, il semblait immense, entouré d'un halo de lumière. Il leur lança un sort de pétrification qui tomba sur l'herbe à leur gauche.

Le deuxième coup atteignit le cheval de Fériane ; la sorcière roula à terre, tandis que sa monture s'abattait d'une seule masse sur le sol.

Fériane cria à Zahir de fuir et, de toutes ses forces, en esprit, elle appela à son aide le Conseil des sorcières. Le troisième coup du roi Charles tomba sur elle en soulevant un nuage de terre et de fragments de rochers. Comme Zahir, éperdu, s'arrêtait pour retourner à son aide, la poussière se dissipa. Elle était toujours debout et solide sur ses jambes, les mains levées, concentrée sur sa magie. Seleldiwar retint le garçon qui voulait s'élancer vers elle :

– Laisse-la seule, tu vas la gêner. Les sorcières sont puissantes, plus que tu ne crois. Elle est de taille à affronter Charles.

Zahir eut soudain l'impression que l'air vibrait et chantait tout autour de lui, empli de présences invisibles qui toutes psalmodiaient les mêmes mots. Le bourdonnement se regroupa comme un essaim d'abeilles autour de Fériane, qui devint peu à peu indistincte, cachée dans un scintillement d'étincelles.

– Le Conseil est avec elle, dit Seleldiwar. Elles sont nombreuses maintenant. Partons, il faut s'éloigner vite, sans quoi nous serons pris dans le sort qu'elles vont déclencher.

Ils étaient repartis au galop quand ils entendirent le vent s'élever en sifflant autour d'eux. Des brindilles et des grains de sable leur fouettaient le visage, tandis que le cheval luttait pour avancer, dans le hurlement de la tempête. Le ciel s'obscurcit, et la tornade se déchaîna derrière leur dos dans un fracas d'arbres arrachés et brisés. Cela dura une ou deux minutes, puis le vent s'évanouit, et le ciel redevint clair. En se retournant une dernière fois avant de passer la crête d'une colline, ils ne virent plus dans la plaine qu'un fouillis de branches et des feuilles éparpillées, et la terre profondément retournée là où il y avait eu des arbres. Le roi Charles et Fériane avaient tous deux disparu.

CHAPITRE 18

Nadir

ZAHIR ET SELELDIWAR, FATIGUÉS ET AFFAMÉS, ATTEIGNIRENT Serlani après trois jours de chevauchée. Le temps s'était mis à la pluie, un crachin fin et tenace qui imbibait les vêtements. En arrivant à l'école, Zahir mit quelques instants à reconnaître l'endroit. Les bouleaux d'un jaune terne avaient perdu la moitié de leurs feuilles. La Sérélanne, autrefois si claire, était devenue boueuse ; de loin en loin on y voyait flotter des poissons morts. Une brume âcre piquait le nez et irritait la gorge.

Les bâtiments lui semblèrent d'abord déserts, puis il aperçut Fériane, qui leur faisait de grands signes joyeux en criant quelque chose qu'ils ne purent comprendre à cette distance. L'instant d'après, Dendrone arrivait en courant.

– Vous voilà ! Il y a trois jours que nous sommes arrivés, on a évacué l'école. Fériane voulait nous envoyer devant avec les filles, mais nous sommes restés pour vous attendre.

Il souriait d'une oreille à l'autre. Corinne arriva peu après, superbe dans sa belle robe de cour. Zahir reconnaissait à peine la petite fille effrayée qui les avait suivis à Alinore.

– Je suis très heureuse de vous revoir, leur dit-elle solennellement, laissant Zahir bouche bée de l'entendre parler si bien leur langue.

Et elle glissa un clin d'œil à Dendrone. Zahir avait surtout envie de rire de plaisir en les retrouvant si joyeux, mais, pour entrer dans leur jeu, il soupira ostensiblement :

– Je vois qu'il y a beaucoup à raconter, alors quitte à parler, autant le faire assis, et même si possible devant un bon repas.

Il s'était passé tant de choses qu'ils parlaient encore bien après avoir fini de manger. Dendrone pleura longtemps à l'annonce de la mort de Benglar. Fériane posait beaucoup de questions à Corinne, et Zahir réclamait des explications sur les derniers événements.

Épuisée par son combat contre le roi Charles, Fériane avait été ramenée à Serlani par ses amies du Conseil – mais elle n'expliqua pas comment. Dendrone et Corinne, portés par l'albatros, étaient arrivés peu après elle. Le rassemblement d'Oud'barine était prévu pour le lendemain, mais Fériane n'y était pas allée : le Conseil lui avait confié une mission concernant les deux enfants.

Les sorcières avaient rejoint Galmus juste à temps : le roi-spectre de Naghar avait le jour même lancé son armée sur Oud'barine, et de grandes batailles se déroulaient là-bas. Mais Galmus et ses guerriers tenaient bon, avec le soutien des sorcières. Zahir savait maintenant à quel point elles étaient redoutables.

Le Sans-Nom n'avait pas oublié Zahir : un petit détachement de soldats se dirigeait depuis la veille sur Serlani ; c'étaient eux qui avaient empoisonné la rivière. Fériane avait aussitôt organisé le départ des fillettes vers l'école de Quirix, au sud sur la côte de l'océan des Sélonites, avec les vingt chevaux de Serlani. Elle était restée avec Dendrone et Corinne pour attendre les deux voyageurs.

Ils devaient maintenant se hâter, car les soldats étaient proches. À cette nouvelle, Zahir s'affola :

– Mais nous n'aurions pas dû prendre tout ce temps pour manger et parler ! Comment pouvez-vous rester aussi calmes ? Vous n'avez plus de montures, et notre cheval est trop fatigué pour aller plus loin. Ils n'auront aucun mal à nous rattraper.

Fériane se mit à rire :

– Qui a dit que nous n'avions pas de montures ? Allons les voir !

Elle souleva un gros sac qu'elle mit sur son dos, et ils la suivirent tous vers le bois de bouleaux. Dendrone avait les yeux brillants et regardait Zahir avec un petit sourire malicieux. Zahir était de plus en plus intrigué. Et puis il vit les licornes.

Il y en avait cinq. Elles allaient et venaient nerveusement sous les arbres, secouant la queue, grattant le sol, froissant du sabot l'épais tapis jaune de feuilles mortes tombées des arbres. Elles humaient sans cesse l'air acide et pollué, puis elles secouaient la tête et soufflaient bruyamment par les naseaux. Elles étaient splendides, fines et musclées, un peu plus petites que des chevaux, et plus blanches que les troncs blancs des bouleaux. Leurs cornes torsadées brillaient comme de l'ivoire poli.

Elles vinrent vivement à leur rencontre, les saluant d'un rapide mouvement de la tête, et la plus grande leur parla :

– Les soldats sont tout près maintenant. Je sens leur odeur, même dans cette puanteur acide. Nous ne pouvons pas attendre plus longtemps. Montez vite et partons.

Fériane et Seleldiwar obéirent rapidement, et, comme les enfants hésitaient encore à l'idée de monter à cru, sans selle et sans harnais, Fériane leur dit :

– Ne vous inquiétez pas, les licornes ne sont pas des chevaux. Bien qu'elles soient beaucoup plus rapides, leur allure est unie et légère, et vous ne pouvez pas tomber si elles veulent bien vous porter. Accrochez-vous seulement à leur crinière, et laissez-vous emmener.

Les licornes s'élancèrent, et ils eurent l'impression de chevaucher le vent. Ils ne ressentaient aucune secousse, comme si les fins sabots ne touchaient plus le sol, comme s'ils volaient comme des flèches à travers les airs. Les arbres et les collines filaient autour d'eux, et ils avaient à peine le temps de les distinguer que déjà ils les avaient laissés loin en arrière.

Quand les licornes s'arrêtèrent enfin, le soleil descendait vers l'ouest. Ils étaient à l'orée d'un bois de chênes et de sapins, au creux d'un vallon où coulait un petit ruisseau enfoui sous les hautes herbes. Tandis qu'ils faisaient quelques pas hésitants pour délier leurs membres raides et endoloris par la longue chevauchée, la plus grande des licornes huma le vent à plusieurs reprises en secouant sa crinière, et souffla bruyamment d'un air satisfait.

– Ils sont loin derrière maintenant, dit-elle. Vous pouvez vous reposer, nous monterons la garde.

Puis elle regarda Zahir et ajouta :

– Excuse-moi, je m'aperçois que dans ma hâte de partir, j'ai oublié les présentations. Je connais déjà tous les autres ; toi, tu dois être Zahir. Je suis Derrim.

Elle montra de la tête successivement les quatre autres licornes :

– Et voilà Rmys, Yenelle, Souhor et Nelfine. Nous venons de la forêt de Péliandre. Le Conseil nous a appelées il y a quelques jours : il y a une mission à accomplir, nous a-t-on dit, et le temps est compté. J'ai ramené Fériane de Presfile. Nous n'avons pas pu vous trouver, toi et Seleldiwar, car la tempête magique avait brouillé toutes les pistes.

Zahir la regardait toujours avec émerveillement.

– Dame Derrim, répondit-il, je n'avais jamais vu de créatures aussi belles que vous. Avec votre aide, nous ne craindrons aucun ennemi, et personne ne pourra jamais nous rattraper.

La licorne laissa échapper un petit hennissement, comme un rire triste :

– Si seulement tu pouvais dire vrai ! Mais les gargouilles sont presque aussi rapides que nous, et elles nous traquent pour rapporter nos cornes au roi noir.

– Vos cornes ? Mais, pourquoi ?

– Il en extrait le philtre qui maintient son fantôme dans ce monde, fixé sur son squelette mort. Il cherche à nous capturer pour faire de nous des bêtes d'élevage : ainsi, il disposera de ce philtre pour toujours, et il vivra éternellement.

– Mais alors, vous ne devez pas rester par ici ! Il faut fuir, loin, si loin qu'il ne pourra plus vous atteindre !

– Nous ne pourrons pas lui échapper toujours, et notre espace se réduit au fur et à mesure de ses conquêtes. Vous êtes maintenant notre seul espoir car, à moins de mourir toutes pour le priver de nos cornes, nous n'avons pas de magie pour le détruire.

Derrim s'éloigna lentement dans le bois, la tête basse. Comme Zahir la regardait partir, trop ému pour ajouter un mot, Seleldiwar lui expliqua doucement :

– Tu sais, les licornes vivent très longtemps, plusieurs milliers d'années. Depuis toujours des sorciers ont tenté de fabriquer des philtres de longévité avec leurs cornes.

– Mais le roi de Naghar, pourquoi en a-t-il besoin ? C'est un fantôme…

– C'était un nécromancien autrefois, nommé Bergame. Toute sa vie il a cherché un sortilège pour ne pas mourir. Il lui fallait toujours davantage de philtre, et il a commencé le massacre des licornes.

– Pourtant, il est mort quand même…

– Oui, après de longues années d'affaiblissement. Il avait presque réussi, mais pas tout à fait. Ce qui est revenu ensuite n'était plus Bergame, pas même un être humain ; c'était ce spectre de mort à qui personne n'a jamais osé donner un nom, ce fantôme qui a pris sa place pour régner sur le monde dans la terreur et la mort. Il est puissant, mais il dépend toujours de la magie de Bergame pour garder son apparence de vie. Il a déjà tué des centaines de licornes, et il en a capturé autant, qu'il garde misérablement prisonnières dans les montagnes du Nord. Derrim et ses compagnes sont presque les dernières licornes libres des Terres émergées.

– Il faut les aider ! Nous devons faire quelque chose…

– Leur seul espoir maintenant, c'est notre combat contre Naghar. Mais j'ai peur, Zahir : nous sommes trop divisés. Charles est devenu presque fou dans son orgueil, il refuse toute alliance. Galmus est fort, mais le sera-t-il assez ? Heureusement, la Ligue a compris tout l'enjeu de cette guerre. Si seulement Benglar était encore parmi nous…

Le soir tombait, et Fériane avait allumé un petit feu. Ils se rassemblèrent tous autour, humains et licornes, et restèrent un moment à regarder danser les flammes. Puis la sorcière se leva.

– Je dois vous expliquer quelle est ma mission, dit-elle. Nous pensons au Conseil que le rôle de Corinne et Dendrone est de refermer la Porte de Naghar ; mais nous ne savons pas encore comment y parvenir. J'ai besoin de vos avis.

– Je connais la façon de sceller ce genre de Porte, répondit Seleldiwar. Mais il faut s'y trouver en personne, et non en esprit. Il faudrait aller à Naghar.

Zahir intervint :

– Mais c'est impossible ! Tu as vu toi-même, Fériane, les soldats et les gargouilles ! Comment voudriez-vous passer ?

– Il y a pourtant un moyen, répondit-elle en réfléchissant. On peut passer par le Deuxième Monde, et rejoindre la Porte par l'autre côté.

Il y eut quelques instants de silence, puis Zahir protesta :

– Le danger est peut-être aussi grand ! Nous ne connaissons rien de ce monde. Qu'allons-nous y trouver ? Comment se diriger ? Comment voyager ?

– Tu te trompes, l'interrompit doucement Seleldiwar. Il y a quelqu'un, ici, qui connaît très bien tout cela.

Corinne, demanda-t-il en se tournant vers elle, crois-tu que ce voyage soit possible ?

La petite resta d'abord muette, impressionnée de se retrouver ainsi au cœur des débats.

– … Je pense que… oui… finit-elle par dire d'une voix mal assurée. Je n'ai jamais voyagé sans mon père, mais il y a les voitures, le train…

– Mais toi, insista Seleldiwar, pourrais-tu nous conduire à la Porte ?

– Peut-être, je ne sais pas. En tout cas, il faudrait une carte. Et de l'argent.

– Où pouvons-nous en trouver ?

Corinne réfléchit.

– Mon père avait tout cela dans une sacoche. Il l'a peut-être perdue là-bas, près de Monate, ou bien elle est restée dans le camion…

– C'est de la folie ! protesta brusquement Zahir. Que ferons-nous de l'autre côté du Nadir, si les forces de Naghar y sont déjà ? La magie ne nous servira à rien !

Il y eut un long silence, puis Dendrone demanda :

– Et que se passera-t-il si nous réussissons à refermer la Porte de Naghar ?

– J'y ai beaucoup réfléchi, répondit Seleldiwar. Je crois qu'alors tous les liens seront rompus entre les deux mondes pour un certain temps. Mais je ne sais pas encore ce qu'il adviendra des personnes et des choses qui ont traversé le Nadir, et qui se retrouveront piégées du mauvais côté.

Corinne sembla troublée, tout près de fondre en larmes.

– Et mon père ? Il faut d'abord aller le chercher, sinon il ne pourra plus jamais revenir chez nous !

– C'est impossible, répondit Fériane avec un peu de gêne. Naghar est trop bien gardé. Nous ne pouvons rien faire pour lui.

– Alors je ne partirai pas, dit Corinne à voix basse.

Un silence suivit sa déclaration. Fériane fronça les sourcils et ouvrit la bouche pour parler, mais Seleldiwar la foudroya du regard, et elle se contenta de grommeler tout bas en remettant du bois dans le feu. Tandis qu'elle se levait lourdement pour prendre des couvertures dans son sac, le vieux mage se pencha vers Corinne et lui dit doucement :

– Ne t'inquiète pas, personne ne te forcera à partir si tu n'es pas prête. Essaie de dormir maintenant.

Tout le monde s'installa pour la nuit. Corinne resta longtemps éveillée à fixer les étoiles.

Ils furent réveillés dans la grisaille de l'aube par une averse brutale. Zahir, ouvrant les yeux, aperçut à travers le rideau de pluie Fériane qui s'efforçait de tendre une couverture au-dessus du feu, réduit à un petit tas de braises rougeoyantes. Derrière elle, Seleldiwar tâtonnait dans l'herbe pour sauver ce qu'il pouvait de la nourriture, mais le pain de leur déjeuner fut quand même imbibé comme une éponge. Les flammes vacillantes sifflaient et fumaient chaque fois que des gouttes d'eau parvenaient à traverser le bancal abri de couvertures établi au-dessus de leurs têtes.

Les licornes étaient allées s'abriter dans la forêt. Au bout d'un moment, Derrim revint vers Fériane.

– Hier, Corinne a parlé d'objets restés à Monate, dit-elle. Il faudra sans doute aller les chercher. Nous avons discuté entre nous, et il nous semble stupide de partir maintenant vers Quirix, s'il faut revenir ensuite de si loin vers Alinore. Je propose d'y aller tout de suite.

– Va avec Zahir, suggéra Seleldiwar. Il connaît l'endroit, et à deux seulement, vous aurez plus de chances de passer inaperçus.

Zahir acquiesça, et ils partirent à toute allure vers le nord, disparaissant aussitôt dans la pluie.

Tandis que les autres s'apprêtaient à reprendre leur route, Dendrone adressa un message silencieux à Corinne :

– Je crois qu'on peut délivrer ton père, mais il vaut mieux ne pas en parler. Fériane et Seleldiwar s'y opposeraient. Pourtant, quand nous arriverons à la Porte, pourquoi ne pas la traverser avant de la refermer, pour aller le chercher dans Naghar ? Nous trouverons bien un moyen d'éviter les gargouilles…

Troisième partie

Le Deuxième Monde

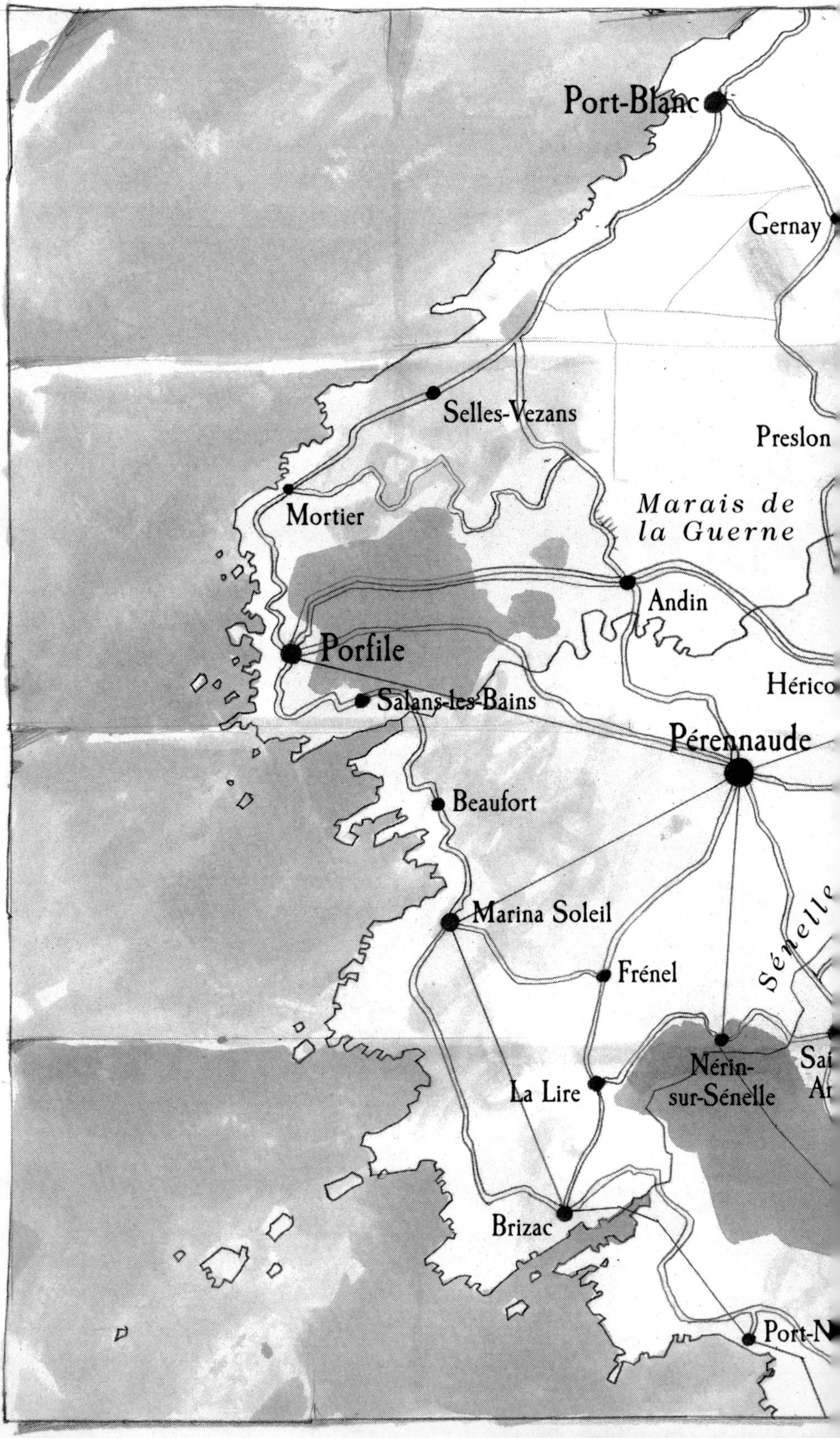
Port-Blanc
Gernay
Selles-Vezans
Preslon
Mortier
Marais de
la Guerne
Andin
Porfile
Hérico
Salans-les-Bains
Pérennaude
Beaufort
Marina Soleil
Sénelle
Frénel
Nérin-
sur-Sénelle
La Lire
Brizac
Port-N

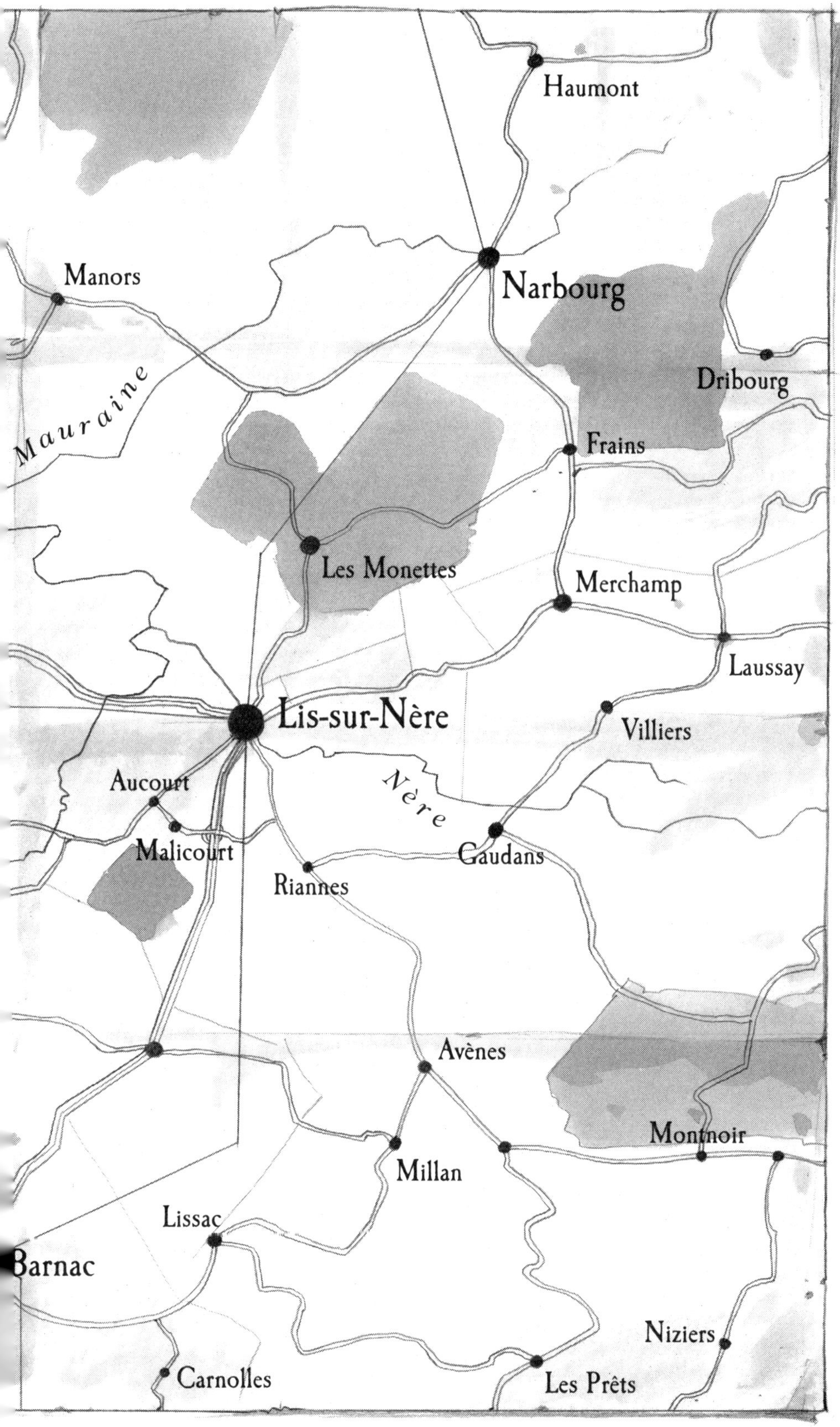
Haumont
Manors
Narbourg
Dribourg
Mauraine
Frains
Les Monettes
Merchamp
Laussay
Lis-sur-Nère
Villiers
Aucourt
Nère
Malicourt
Gaudans
Riannes
Avènes
Montnoir
Millan
Lissac
Barnac
Niziers
Carnolles
Les Prêts

Chapitre 19

Les Monettes

Le vieux Baptiste aimait pêcher à l'étang des Monettes. Il y retournait ce jour-là pour la première fois depuis l'affaire de la disparition du livreur et de sa petite fille, le mois précédent. L'étang avait retrouvé son calme ; l'eau, devenue boueuse quand on avait dragué le fond à la recherche de leurs corps, avait retrouvé sa clarté et les peupliers s'y reflétaient de nouveau. Les seules traces qui restaient des longues recherches étaient les iris et les roseaux piétinés et desséchés sur les berges. Personne n'avait jamais pu dire ce qui était arrivé à la fillette et son père.

En arrivant sur le parking, Baptiste avait vu les deux motos ; mais il n'y avait aucun promeneur sur le sentier. Il s'avança tranquillement, sans remarquer les hommes cachés dans les taillis, qui observaient les environs aux jumelles.

L'étang était surveillé. Les inconnus vivant de ce côté du Nadir qui fournissaient les armes au roi noir avaient reçu des informations sur la Porte qui n'aurait pas dû être ouverte. Ils avaient rapidement fait le lien avec la mystérieuse disparition dont tous les journaux avaient parlé. Ils ne pouvaient pas localiser le passage qui avait été refermé, mais ils avaient tendu un piège à quiconque voudrait y revenir. Les hommes armés postés sur le chemin avaient reçu la consigne de tirer sur toute personne bizarre qui apparaîtrait soudain près de l'étang.

Derrim et Zahir étaient arrivés sans incident au nord d'Alinore. La licorne n'hésitait pas à parcourir de longues distances, et elle avait évité par une large boucle la ville toujours occupée par l'armée de Naghar. Elle avait galopé comme le vent, choisissant les chemins forestiers et les vallons à l'abri des regards ; ils n'avaient croisé personne dans ces régions dévastées par la guerre.

En arrivant à proximité de Monate, Derrim s'arrêta un instant et huma longuement l'air, soufflant ensuite avec dégoût.

– Gargouille (elle cracha le mot comme s'il avait un goût répugnant dans sa bouche), il y a une gargouille qui survole la forêt. Il faut faire vite, elle ne va pas tarder à sentir mon odeur.

Renonçant à se cacher, la licorne s'engagea résolument à toute allure sur le chemin principal, et atteignit en un instant le carrefour où le père de Corinne avait été capturé. Tandis qu'elle restait là à scruter le ciel avec inquiétude, Zahir mit pied à terre et fouilla rapidement les hautes herbes ; mais il n'y avait rien, la sacoche n'était pas ici. Il restait une chance : le camion dont avait parlé Corinne – il ne savait pas très bien ce que cela pouvait être – était peut-être resté de l'autre côté. Il fallait essayer de le retrouver. Zahir repéra les deux peupliers entre lesquels ils avaient réussi une première fois le sortilège

Nadir, il récita de nouveau la formule qui ouvrait une Porte, et l'air frémit entre les deux troncs.

C'est à ce moment que la gargouille fondit sur eux. Derrim, terrifiée, se cabra en hennissant, et s'engouffra dans le passage qui venait d'apparaître. Sans s'occuper de Zahir qui s'était abrité derrière un gros arbre, la gargouille se jeta derrière la licorne dans la porte Nadir.

Au bord de l'étang des Monettes, le vieux Baptiste vit tout à coup apparaître une licorne blanche, jaillie de nulle part, fuyant vers lui au triple galop sur le petit chemin. Aussitôt des chasseurs mystérieux cachés dans les fourrés ouvrirent le feu sur elle, et Baptiste dut plonger entre les roseaux pour se protéger des balles. La licorne trébucha, une tache rouge apparut sur son poitrail, mais elle repartit de plus belle vers la route. Au même moment, un énorme monstre noir surgit à son tour du néant comme un faucon fondant sur sa proie. Il ouvrit d'immenses ailes de chauve-souris, reprit de l'altitude en quelques battements et fonça à sa poursuite. Deux hommes habillés en noir jaillirent alors de la forêt,

tirant toujours, bien que Baptiste ne pût dire maintenant si c'était sur la licorne ou sur le monstre. Comme il les suivait, fasciné, il vit la licorne comme une tache blanche loin sur la route, survolée par une vaste ombre noire, tandis que les deux hommes enfourchaient leurs motos et démarraient en trombe.

Quand la hideuse bête ailée piqua sur elle, la licorne se retourna pour l'affronter bravement avec sa corne. Un camion qui débouchait à cet instant du virage tout proche l'évita de justesse, fit un tête-à-queue, et percuta le monstre de plein fouet. Les motos, tentant désespérément de freiner, dérapèrent dans le fossé avec leurs conducteurs.

Baptiste courut vers le lieu de l'accident. Le chauffeur du camion, blanc comme un linge, descendait péniblement de sa cabine. Il ne pouvait détacher les yeux de l'énorme masse ensanglantée, de fourrure rêche et de peau noire, dans laquelle on pouvait distinguer un gros bec d'aigle, et un œil jaune qui se ternissait lentement. La licorne avait disparu. Les deux motards, qui avaient péniblement remonté leurs motos du fossé, redémarrèrent sans un mot vers le village. Le chauffeur, l'air abasourdi, répétait sans cesse :

– Mais qu'est-ce que c'était que ça ? Qu'est-ce que c'était que ça ?

Deux heures plus tard, il ne restait plus de l'accident qu'une large tache brune de sang, recouverte de sable. La police était venue, le camion défoncé avait été enlevé, et une remorque spéciale avait emporté la chose. En retournant lentement vers l'étang pour ramasser son matériel de pêche, le vieux Baptiste songeait à l'attitude des policiers :

ils avaient regardé le monstre avec surprise, mais sans la stupéfaction qui les avaient frappés, le chauffeur et lui. On aurait dit qu'ils reconnaissaient quelque chose qu'on leur avait décrit, mais qu'ils ne s'étaient pas attendus à voir de leurs yeux. Comme si ce n'était pas la première fois qu'un tel animal était apparu…

Il y avait quelqu'un sur le sentier de l'étang. Un adolescent habillé bizarrement, d'une tunique qui descendait jusqu'aux genoux, ses cheveux bruns coupés tout droit à la hauteur des oreilles. Il sursauta en entendant Baptiste derrière lui, fit un mouvement comme pour courir se cacher dans la forêt, puis il se retourna franchement et regarda le vieil homme s'avancer vers lui, l'attendant visiblement pour lui parler. Quand Baptiste arriva à sa hauteur, il s'inclina rapidement, les mains jointes, et dit timidement :

– *Jiben, sorate, elinath niviel ?**

Devant l'incompréhension du vieil homme, Zahir secoua la tête, s'accroupit et dessina rapidement du doigt une licorne dans la poussière du chemin. Le dessin n'était pas très ressemblant, mais l'autre parut comprendre, et désigna la large route grise vers l'ouest en agitant le bras, puis il écarta ses mains ouvertes dans un geste d'ignorance. Derrim s'était enfuie par là, mais elle avait disparu. Zahir soupira, s'inclina de nouveau pour remercier, puis se dirigea dans la direction qu'on lui avait montrée. Baptiste le suivit.

Il n'y avait personne sur la route. Zahir appela plusieurs fois Derrim, puis siffla longuement dans ses doigts.

---

* – Pardon, monsieur, avez-vous vu une licorne ?

La licorne finit par apparaître hors des arbres. Elle avait une longue éraflure à l'encolure, qui saignait abondamment, et sa patte avant droite était couverte de sang. Le garçon se précipita vers elle et l'entoura de ses bras.

– Derrim ! J'ai eu si peur pour toi ! Qui est-ce qui t'a fait cette blessure ? La gargouille ?

– Non. Quand j'ai passé la porte, il y a eu un claquement, et j'ai senti une brûlure. Je ne sais pas ce que c'était, peut-être une arme comme celles du roi-fantôme. On nous attendait pour nous tuer. Ils peuvent revenir, il faut se cacher. Je ne peux pas courir, ni te porter.

Comme Zahir se penchait pour examiner la plaie, Derrim vit Baptiste, resté en arrière et qui les regardait fixement sans bouger. Elle sursauta :

– Qui est-ce ? N'y a-t-il pas de danger avec lui ?

– Je ne sais pas, mais il n'a pas l'air de nous vouloir du mal. J'ai voulu lui parler, mais il ne nous comprend pas. Ne t'inquiète pas de lui. Ta blessure n'est pas profonde, mais il faudrait quelque chose pour bander ton épaule.

Baptiste avait l'impression d'être en plein rêve. Tout à l'heure, quand les animaux fantastiques étaient apparus, il avait eu peur ; mais ce jeune homme sorti d'une autre époque lui semblait presque familier. Comme s'il avait toujours su que les licornes existaient, et qu'on pouvait leur parler. Il s'approcha et examina à son tour la blessure. Il avait eu des chevaux autrefois, et il savait les soigner.

– Il faudrait désinfecter ça, et puis faire quelques points de suture. Elle a besoin de repos.

Il tourna la tête vers le garçon qui le regardait sans comprendre, mais d'un air confiant et plein d'espoir. Il lui fit signe de le suivre, et s'enfonça sous les arbres pour éviter la route.

Quand Derrim eut été recousue sous la surveillance inquiète de Zahir, le vieil homme voulut inviter le garçon à entrer dans sa maison, mais celui-ci refusa de quitter son amie. Il leur apporta donc des couvertures et de la nourriture dans la remise où il avait installé la licorne, puis il les laissa seuls.

Malgré l'apparence de sécurité où ils se trouvaient, la licorne et le garçon savaient que le danger était plus grand que jamais.

– Les hommes armés vont revenir, dit Derrim à voix basse.

– Sans doute. Et nous avons laissé la Porte ouverte. Le Sans-Nom va la trouver.

– S'il y envoie des soldats, nous serons pris au piège. Il faut partir tout de suite, Zahir. J'espère que je pourrai courir, et te porter. C'est notre seule chance.

Ils se glissèrent par la porte sans un bruit, et s'enfoncèrent rapidement sous les arbres. Derrim avait autant de flair qu'un chien de chasse, et elle retrouva facilement le carrefour. En voyant l'énorme caisse bizarre montée sur roues, posée au centre de la clairière sous la grande pancarte, Zahir se rappela soudain pourquoi ils étaient venus : la sacoche ! Cette chose bizarre était peut-être le camion ? Il courut vers les petites fenêtres, et regarda à l'intérieur : une sorte de banc recouvert de tissu, une roue, des appareils étranges… Il secoua rageusement ce qui semblait être la poignée de la porte, puis ramassa une grosse pierre et brisa la vitre. En quelques minutes, il s'était faufilé à l'intérieur ; il trouva la sacoche glissée au sol, la ramassa rapidement, ressortit aussitôt et sauta sur le dos de Derrim qui partit comme une flèche.

Ils ne s'arrêtèrent que le temps de refermer la Porte. Les hommes armés n'étaient pas revenus, et il n'y avait encore personne pour les arrêter du côté des Terres émergées. Derrim s'élança dans un élan splendide, et Zahir sentit le vent siffler à ses oreilles tandis que la licorne filait droit vers l'ouest, vers Presfile et la mer.

CHAPITRE 20

Quirix

L'ÉCOLE DE QUIRIX ÉTAIT UN ASSEMBLAGE DE MAISONS blanches aux toits en terrasses, construites sur un petit escarpement rocheux au bord de l'océan. De part et d'autre, en bas, une plage de sable étincelant s'étirait au loin vers le nord et vers le sud, bordée par la ligne d'écume des vagues qui s'abattaient en gros rouleaux. Quand Fériane et sa petite troupe arrivèrent au matin, il faisait déjà chaud. Un brouillard léger venu de la mer s'avançait par bouffées sur les terres, où il se déchirait en lambeaux.

Des fillettes les amenèrent dans une grande pièce sombre et fraîche, où trois femmes les accueillirent chaleureusement. Elles embrassèrent Fériane comme une vieille amie. Quand ses yeux furent habitués à l'obscurité, Dendrone les regarda avec surprise : elles avaient toutes les cheveux coupés très court, comme ceux de Corinne, et de larges robes aux couleurs éclatantes. Elles étaient vieilles, et elles s'appelaient Karmig, Derdenna et Aelys. Seleldiwar leur raconta les événements des jours passés, et surtout leurs inquiétudes face à la Porte de Naghar, ainsi que le plan du Conseil concernant les deux enfants.

L'école de Quirix était la plus ancienne école de la Ligue, et Karmig la plus vieille des sorcières. Courbée en deux par l'âge, elle ne marchait plus guère qu'avec une canne, et elle était trop vieille pour se rendre avec les autres à Oud'barine. Mais son savoir était très grand. Sous un halo de cheveux fins et blancs coupés presque au ras de sa tête, elle avait un visage brun tout ridé, et des yeux noirs qui brillaient comme des braises. Elle examina longuement Corinne et Dendrone qui finirent par s'agiter, mal à l'aise sous ce regard qui semblait les sonder jusqu'au cœur. Puis elle se tourna vers Fériane et le vieux magicien :

– Ils ont le pouvoir, mais ils ne sont pas prêts. La fillette devra apprendre les rudiments de la magie pour être capable d'exécuter sa part du sortilège.

Karmig se retourna, et Dendrone remarqua alors une jeune fille restée debout dans l'ombre près de la porte. Il la trouva très belle malgré sa coupe de garçon ; sur elle, cette coiffure étrange soulignait la perfection de son visage, et ses cheveux noirs brillaient comme la fourrure lustrée d'un chat. La vieille femme la présenta rapidement :

– Voici Deneb, ma petite-fille. Deneb, emmène Corinne à la salle de magie, et commence à lui apprendre les principes des contraires, le Yourtour et le Chade. Je viendrai vous rejoindre dans un petit moment.

Comme Dendrone se levait à la suite de Corinne, Karmig le rappela d'un air moqueur :

– Tu n'es pas concerné. Elle va apprendre de la magie de sorcière, qui est interdite aux hommes.

Vexé, Dendrone répliqua vivement :

– De toute façon, nos esprits sont liés, et je peux savoir tout ce qu'elle sait. En ce moment même, je peux assister à la leçon avec elle, si nous voulons, et vous ne pouvez pas l'empêcher.

Karmig se mit à rire :

– Oh, oh ! Mais il est fier comme un petit coq ! Benglar nous a parlé de toi, au printemps dernier. J'étais curieuse de te voir, mais tu sembles avoir encore beaucoup de progrès à faire pour accéder au destin qu'il t'a prévu ! Commence donc par dominer ton impatience, obéis à tes aînés, et parle seulement pour répondre aux questions qu'on te pose. Quel âge as-tu, où en es-tu de tes études, et quel niveau as-tu atteint ?

– J'ai treize ans ; je n'étais qu'au deuxième niveau parce que je n'arrivais pas à contrôler le nomen, mais, depuis la disparition de mon maître, j'ai appris à rêver et à déplacer des objets, et je connais des sortilèges du sixième niveau.

Karmig secoua la tête avec dédain :

– Le deuxième niveau à ton âge, ce n'est pas très brillant. Pour réussir à fermer la Porte de Naghar, il faudra faire beaucoup mieux que cela. Tu devras contrôler à toi tout seul la puissance du Nadir, car Corinne ne pourra pas t'épauler, et à ce moment-là sa vie sera entre tes mains. Penses-y, et écoute-moi. Il y a une chose que je peux t'apprendre pour t'aider : c'est la façon dont nous autres, sorcières, assemblons nos forces pour donner plus de puissance à un sortilège. Si tu apprends bien à le faire, tu pourras guider le nomen de Corinne, et l'empêcher d'être détruite quand les deux mondes se sépareront et que le Nadir explosera entre vous. Es-tu prêt à travailler avec moi ?

Honteux de sa rébellion puérile, Dendrone acquiesça en silence.

Pour les enfants, les jours qui suivirent furent des journées d'études acharnées. Corinne pourtant était ravie de découvrir cette vie nouvelle, elle qui n'avait connu depuis son arrivée que la fuite, et sa prison dorée de Presfile. Elle posait sans cesse des questions à Deneb.

– Ta mère aussi est une sorcière ? Où est-elle ?

– Elle habite Carnog, un petit village de pêcheurs.

– Elle ne vit pas ici ?

Deneb sourit.

– Non, les sorcières ne passent pas toute leur vie dans les écoles ! Elles vivent comme tout le monde, dans les villes et les campagnes, elles travaillent, elles se marient et ont des enfants. Karmig aussi habitait Carnog autrefois.

– Mais alors, pourquoi est-elle revenue à Quirix ?

– Les écoles ont une grande importance à nos yeux. C'est le seul lieu qui nous appartienne en propre, à nous les sorcières. Si bien que certaines reviennent y vivre quand leurs enfants sont grands.

Fériane se reposait enfin, détendue et soulagée d'avoir transmis sa responsabilité à quelqu'un de plus compétent. Et Seleldiwar était heureux. Après des années pendant lesquelles il avait été méprisé par le roi Charles, il était enfin arrivé quelque part où l'on respectait les maîtres d'école, et il était traité comme un roi en visite.

Zahir et Derrim arrivèrent au soir du troisième jour, après un voyage épuisant. La plaie de Derrim s'était rouverte, la licorne ne marchait plus qu'à grand-peine. Le garçon à côté d'elle s'efforçait de la soutenir. Quand ils descendirent la montagne, l'école devant eux était nimbée d'or dans le soleil couchant. Deneb fut la première à les apercevoir, et elle vint à leur rencontre sur le petit chemin. Zahir la vit qui lui souriait, et il en tomba amoureux.

Chapitre 21

Départ

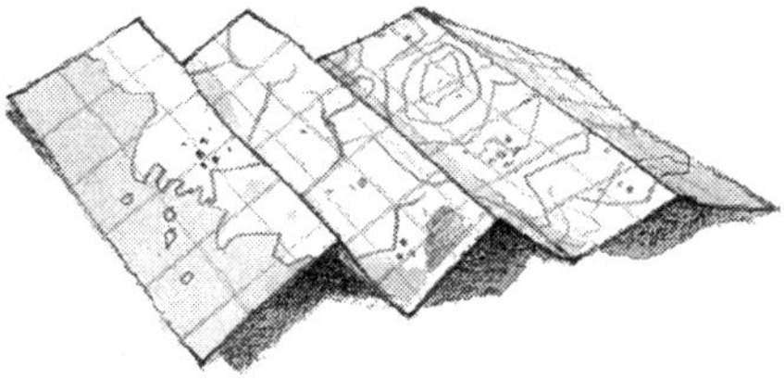

La carte rapportée par Zahir et Derrim fut examinée longuement par Karmig, Seleldiwar, Fériane et les licornes. Sous le réseau bizarre de lignes jaunes et rouges, ils reconnurent avec stupeur les fleuves, les mers et les montagnes des Terres émergées, exactement semblables. C'était leur monde, et pourtant à la fois ce n'était pas lui : il y avait tant de villes et de routes – et si peu de forêts... Ils localisèrent la Porte de Naghar au nord, près d'une ville qui s'appelait Narbourg. Quirix correspondait à une côte bordée d'habitations, avec juste au sud de l'école un endroit appelé Marina Soleil. Corinne leur montra une ligne noire, qu'elle appela une voie ferrée – Fériane se représentait une route pavée de blocs de fer –, qui longeait la côte à l'est des montagnes, passait par une ville, Lis-sur-Nère – à l'endroit d'Alinore –, et continuait au nord jusqu'à Narbourg. Elle leur dit qu'ils pourraient prendre le train s'il y avait assez d'argent dans la sacoche. En fouillant, ils ne trouvèrent pas d'or, mais quelques petites pièces de métal léger, et des images pliées que Corinne trouva manifestement beaucoup plus importantes. Et il y avait un petit rectangle coloré, brillant et rigide, qu'elle prit en riant :

– Avec cette carte, nous sommes tranquilles. Je connais le code, je peux avoir autant d'argent qu'il faudra !

Fériane contempla rêveusement le petit objet qui pouvait avec un simple code fournir des richesses ; après tout, peut-être que la magie existait aussi dans le Deuxième Monde…

Quand ils furent tous partis, Corinne resta un moment seule à regarder la carte routière. Son village à elle était Malicourt, au sud de Lis ; elle contempla longtemps le petit point noir posé sur une route jaune, et il lui semblait voir sa maison.

Le départ dans le Deuxième Monde fut décidé pour le lendemain. Corinne ne s'y opposait plus. La forêt de Monate étant devenue trop dangereuse, ils partiraient de Quirix, d'une petite grotte cachée dans les rochers, que Karmig avait découverte et où elle avait autrefois ouvert une Porte. Les enfants seraient accompagnés par Seleldiwar, qui était le seul à connaître la langue du Deuxième Monde.

– Cela ne servirait à rien d'être plus nombreux, trancha Karmig, devant l'insistance de Zahir qui voulait être du voyage. Sans la magie, tu ne leur serais d'aucun secours.

Elle reporta toute son attention sur la carte.

– Il y a un train qui pourra vous emmener à Narbourg, dit-elle. Mais il ne part que de Pérennaude. Comment allez-vous traverser les montagnes ?

Elle s'était tournée vers Corinne, mais la petite fille ne savait que répondre. Seleldiwar intervint :

– Nous avons peu de temps : Oud'barine est assiégée maintenant. Je propose que les licornes nous emmènent.

Il interrompit avec impatience les protestations de Corinne.

– Je sais, il n'y a pas de licornes dans ton monde, et il faut passer inaperçus. Mais il nous suffira de partir de nuit : elles nous laisseront à Pérennaude, et seront de retour ici avant le matin. Personne ne pourra les voir.

Karmig acquiesça, et passa à la question suivante. Corinne aurait voulu protester encore – des licornes dans son monde ! – mais, sans lui laisser le temps d'ajouter un mot, Karmig l'interrogeait déjà sur les costumes à coudre. La petite fille s'efforça de décrire de son mieux les habits qu'il leur fallait. Karmig l'interrompit :

– Va nous faire un dessin, ce sera plus clair.

Dendrone se faufila hors de la salle derrière la petite fille. Il avait quelque chose à lui dire, et ils n'osaient pas trop utiliser l'échange de pensées en présence de Karmig, qui semblait toujours deviner ce qu'ils faisaient. Les adultes semblaient tous considérer qu'il était impossible de sauver le père de Corinne ; sans l'avouer vraiment, ils étaient prêts à le sacrifier pour défendre leur monde. Mais en secret, Dendrone et Corinne avaient élaboré leur propre plan pour entrer dans Naghar, une fois qu'ils seraient arrivés à la Porte.

– J'ai la poudre Pani, et l'onguent qui éloignera les gargouilles, chuchota Dendrone en montrant un petit sac et un flacon. Il ne me manque plus que de la mandragore pour terminer le sortilège Forwyn qui endormira les gardes de la forge ; mais j'ai vu où Karmig la range, et je suis sûr de pouvoir en prendre demain. Tout sera prêt ! ajouta-t-il d'un air triomphant.

Corinne lui sourit et lui serra la main en silence, tandis que Zahir venait les rejoindre pour aider la petite fille à faire les dessins demandés par Karmig.

Ils n'étaient pas dans la salle quand Seleldiwar expliqua aux sorcières :

– J'ai beaucoup étudié la Porte de Naghar, et je crois maintenant savoir tout ce qui arrivera si nous réussissons. Ce qui a été fait par le Nadir sera défait et annulé. Les choses et les gens passés de l'autre côté se retrouveront à leur point de départ, à l'instant de leur traversée. Attendez-nous dans la grotte : si tout s'est bien passé, nous réapparaîtrons aussitôt.

La journée du lendemain fut tendue. Sans en parler, tous avaient en tête la blessure de Derrim, et les hommes armés qui gardaient la Porte de l'étang de Monate. Quels alliés du roi-fantôme les attendaient dans le Deuxième Monde ?

Au soir, le soleil se coucha sur la mer dans un éclaboussement d'orange, de violet et de pourpre ; les reflets sur les vagues semblaient des taches de sang. En longue file, tous les habitants de Quirix suivirent lentement Karmig qui peinait avec sa canne dans les rochers. Il faisait complètement nuit quand ils arrivèrent à un renfoncement, presque au niveau des vagues, où deux ouvertures creusées par le ressac avaient laissé entre elles une sorte de pilier. Les parois mouillées scintillaient à la lueur des torches comme le ciel rempli d'étoiles. Karmig récita lentement le sortilège, tandis que tous attendaient derrière elle, serrés les uns contre les autres dans le creux de la roche, trempés par les embruns qui rejaillissaient autour d'eux.

Quand elle eut prononcé le dernier mot, l'air frémit légèrement dans l'ouverture, devant les rochers noirs et la mer luisante sous les étoiles. Les voyageurs montèrent sur le dos des trois licornes Rmys, Souhor et Nelfine, et après un petit geste d'adieu, ils s'avancèrent et disparurent.

Chapitre 22

La Pieuvre

Le danger était plus grand qu'ils ne le croyaient. Ils étaient attendus, et plus seulement à l'étang des Monettes. Un peu partout dans le pays, dans les rues, les gares et les aéroports, tous ceux qui étaient de près ou de loin en contact avec la puissante organisation de la Pieuvre avaient dans leur poche une photo de Corinne, ainsi que le signalement assez précis de deux garçons, un adolescent mince et brun et un gamin roux aux cheveux ébouriffés.

L'organisation avait maintenant de très nombreux agents. Depuis qu'un mystérieux correspondant venu on ne savait d'où avait passé quelques mois plus tôt une importante commande d'armes, l'or affluait en quantité. Des pièces bizarres, qu'ils étaient obligés de fondre pour ne pas attirer l'attention, mais c'était du bon or. La Pieuvre était riche. Et il y avait plus que cela. Ils pouvaient désormais faire passer n'importe quelle marchandise par des chemins secrets. C'était comme si les caisses disparaissaient, pour réapparaître un peu plus tard à un autre endroit où ils n'avaient plus qu'à les prendre. Les trafics d'armes et de drogue s'en étaient trouvés tellement facilités que la Pieuvre avait étendu partout ses tentacules. Elle contrôlait désormais jusqu'au moindre petit revendeur. La police, impuissante, perdait toutes les pistes.

Dès le début, les plus superstitieux des agents de la Pieuvre avaient murmuré que le grand patron avait passé un marché avec le diable, et ils s'étaient couverts d'amulettes pour se protéger. Depuis l'affaire des Monettes, les rumeurs s'étaient amplifiées à cause du monstre écrasé sur la route. Il semblait sorti tout droit de l'enfer. Personne n'avait vu directement le cadavre de la bête, mais le chauffeur du camion avait été interviewé dans plusieurs journaux. Les imaginations s'étaient enflammées, d'autant plus que d'autres témoignages, à Narbourg, étaient venus appuyer son récit.

Le vieux Baptiste s'était tenu à l'écart de tout ce bruit, et n'avait parlé à personne du jeune homme et de la licorne qu'il avait secourus. D'ailleurs, n'était-ce pas plutôt un beau rêve, qu'il avait fait tout éveillé ? Mais depuis la fusillade des Monettes, les agents de la Pieuvre, eux, n'avaient pas oublié Derrim.

La région de la côte où débouchèrent les voyageurs venus de la porte Nadir était une région très touristique, couverte de villas, d'hôtels et de routes. Même aussi tard dans la soirée, des lampadaires éclairaient les rues et les maisons comme en plein jour, et partout des voitures et des gens circulaient, plus nombreux aux heures fraîches de la nuit que dans la chaleur écrasante de l'après-midi.

Sortant de l'obscurité de Quirix, les licornes s'arrêtèrent stupéfaites sur la plage en découvrant tant de lumières autour d'elles, et en entendant tant de bruit. Tandis qu'elles humaient avec inquiétude les odeurs âcres et bizarres des voitures, Seleldiwar hésita. Il avait compté sur la nuit et l'obscurité pour passer inaperçus. Que faire maintenant ? Continuer à pied ? Retourner à Quirix ? C'était trop tard, il fallait coûte que coûte arriver à Narbourg. Et après tout, s'ils étaient vus, quelle importance ? Les licornes étaient si rapides que personne ne pourrait les arrêter. Il poussa Souhor en avant, et les trois licornes s'élancèrent au galop vers les maisons et les gens.

Ils traversèrent le village en un instant ; mais leur passage fit l'effet d'une bombe. Tout le monde les avait vus, et les gens s'affolèrent tous à cette nouvelle manifestation de surnaturel. Si bien qu'à peine deux heures plus tard, les radios et la télévision annonçaient dans tout le pays que des licornes avaient été vues à Marina Soleil, portant des cavaliers ; l'armée bouclait le secteur et des militaires arrivaient de partout ; des hélicoptères survolaient par dizaines la montagne, fouillant du rayon de leurs projecteurs les ravins et les buissons.

Mais la Pieuvre avait été plus rapide.

Pendant que la police et les journalistes recueillaient soigneusement les témoignages, les chefs de l'organisation, eux, n'avaient pas attendu. Sitôt avertis, ils avaient donné des ordres. Les licornes étaient les ennemis de leur allié mystérieux, et ils n'avaient pas besoin d'en savoir plus : il fallait les éliminer. Des hommes armés avaient été envoyés depuis Pérennaude, pour surveiller tous les passages de la montagne.

Souhor fut fauchée net d'une balle en plein cœur, en atteignant la première le col qui redescendait à l'est sur la

plaine. Emportées par leur élan, Nelfine et Rmys atteignirent leurs trois agresseurs avant le second coup de feu, et, à coups de corne, elles en envoyèrent un rouler en bas de la pente, tandis que les deux autres s'enfuyaient à l'abri d'un gros rocher. Un bref instant, Nelfine et Rmys restèrent hésitantes, les yeux rivés en arrière sur le ravin de terre sèche où gisaient leurs amis. Corinne, qui dans sa panique avait plongé la tête dans la crinière de Nelfine, se redressa et s'efforça de regarder à travers les larmes qui lui brouillaient les yeux. Souhor était morte, étalée sur le flanc à mi-pente, la tête en bas, le poitrail ensanglanté. Seleldiwar avait roulé au fond du creux. Il se releva péniblement dans les cailloux et la poussière et leur cria de toutes ses forces :

– Fuyez ! Ne vous occupez pas de moi ! Ils vont encore tirer !

Dendrone hurla :

– Attendez ! On arrive !

Au même instant, un nouveau coup de feu explosa à leurs oreilles. Mais les licornes avaient déjà plongé vers l'est dans la pente d'éboulis, sautant comme des chamois d'un sabot sûr au milieu des pierres qui dévalaient la pente autour d'elles. Elles furent hors d'atteinte en quelques minutes.

En bas de l'éboulis, il y avait un petit lac brun niché dans un creux, entouré de pierres plates et de plaques d'herbes jaunes, puis le chemin descendait dans une forêt de sapins. Un peu à l'écart, au pied d'une crête déchiquetée, un amoncellement de blocs offrait un abri où Rmys et Nelfine se précipitèrent.

Les coups de feu s'étaient tus. Pendant plusieurs minutes, tandis que les enfants bouleversés, serrés l'un contre l'autre, pleuraient nerveusement, les licornes récitèrent doucement pour Souhor le rituel des morts des licornes. Puis, comme les homme en haut du col faisaient mine de descendre, Nelfine prit une décision. Les licornes mettaient désormais en danger les enfants. Ils devaient se séparer : Rmys et Nelfine tâcheraient d'entraîner les tueurs à leur poursuite. Pour tromper leurs poursuivants, Nelfine demanda à Corinne et Dendrone de confectionner, avec les couvertures et les vêtements de leurs bagages, des sortes de mannequins qu'ils leur fixèrent sur le dos.

Ils s'embrassèrent rapidement, puis les licornes bondirent par-dessus les rochers. La fusillade éclata aussitôt, venue du col au-dessus, mais aussi d'en bas dans la forêt. Les quelques minutes qui suivirent semblèrent aux enfants un siècle, tellement ils craignaient à chaque détonation que leurs amies ne soient tuées. Les coups de feu s'éloignèrent rapidement, puis il y eut le silence. Ils attendirent encore un moment avant de bouger, tapis contre les rochers, tremblant de voir les hommes noirs apparaître sur les gros blocs au-dessus de leurs têtes. Puis Dendrone risqua un coup d'œil hors de leur cachette.

Il rentra la tête précipitamment : il y avait encore des hommes en haut du col. Ils entendirent aussitôt le grondement sourd de l'éboulis tandis qu'ils descendaient la pente. Mais le bruit ne se rapprochait pas, et ils s'interpellaient à voix haute sans précaution : de toute évidence, ils se croyaient seuls. Dendrone regarda de nouveau par-dessus le rocher qui les abritait.

L'homme que les licornes avaient précipité en bas de la pente s'était traîné au bord du petit lac, et il était blessé à la jambe gauche, qu'il évitait visiblement de remuer. Les deux autres descendaient vers lui en entraînant avec eux Seleldiwar. L'un d'eux le tirait par le bras, tandis que l'autre lui braquait une arme dans le dos.

Chapitre 23

Le plan de Corinne

Tout en communiquant en pensée à Corinne ce qu'il voyait, Dendrone se sentit tout à coup plus confiant. La situation s'était retournée, ils allaient pouvoir pister à leur tour ceux qui les avaient poursuivis. Peut-être parviendraient-ils à libérer Seleldiwar ?

De leur cachette, ils virent les deux hommes descendre avec le vieux mage, et examiner la jambe de celui qui était tombé. Le plus grand – que Dendrone avait baptisé mentalement Driyane – palpait sans ménagement la cheville du blessé qui protestait en l'injuriant – ce que Dendrone trouva stupide, si bien qu'il baptisa le troisième Mourkat. Il finit par lui faire une espèce de bandage, puis tous repartirent par le sentier de la forêt. Dès qu'ils furent hors de vue, Corinne et Dendrone se glissèrent sans bruit hors de leur cachette, et s'engagèrent prudemment sur le chemin derrière eux.

Soudain, le plus gros – Oummas –, qui semblait être le chef, entraîna sa troupe sous le couvert des sapins, et les enfants entendirent un bourdonnement. L'instant d'après, un hélicoptère les survolait en grondant, frôlant

presque les arbres, faisant frémir leur cime dans les remous de son hélice. Les enfants rampèrent sous un buisson, qui heureusement, cette fois – ils se souvenaient de Guerguennore –, n'avait pas d'épines. Dendrone effaré regardait ce gros insecte au-dessus d'eux ; Corinne s'efforça tant bien que mal de lui expliquer ce que c'était :

– C'est l'armée, l'armée de mon pays, ils sont plus nombreux que les soldats de Naghar, et ils ont des quantités de machines comme celle-ci. Ils ne nous veulent pas de mal. Mais s'ils nous attrapent, ils ne nous laisseront plus repartir…

Tout le temps que l'hélicoptère tourna au-dessus de leurs têtes, ils restèrent immobiles dans leur cachette. Quand il finit par s'éloigner, les hommes en noir avaient pris beaucoup d'avance.

Cette avance se creusa de plus en plus. Les enfants marchaient le plus vite qu'ils pouvaient, courbés sous les branches, dans les hautes fougères et les épilobes roses ; mais il était difficile de progresser discrètement dans cette pente raide, coupée ici et là par des pans de rocher presque verticaux, et il fallait trop souvent se cacher des hélicoptères qui décrivaient de larges boucles au-dessus de la montagne, revenant et disparaissant à intervalles réguliers. Corinne et Dendrone se demandaient comment faisaient les hommes pour marcher si vite avec un blessé.

Ils eurent la réponse à cette question bien plus vite qu'ils ne l'auraient voulu : dans un renfoncement sous un roc à pic, ils tombèrent nez à nez avec Mourkat que les autres avaient abandonné là. Ils s'enfuirent paniqués à l'abri des arbres.

Ils s'arrêtèrent un peu plus loin, le cœur battant. Comme ils n'entendaient rien derrière eux, ils revinrent un peu sur leurs pas, en silence. Le blessé était toujours au même endroit, mais ils l'entendirent qui parlait à voix basse. Corinne pâlit d'inquiétude.

– Il a un téléphone portable, il est en train de prévenir les autres ! Ils vont nous tuer, comme Souhor !

Dendrone tenta de la réconforter :

– Ils ne veulent pas nous tuer, tu vois bien qu'ils n'ont pas tué Seleldiwar ! Et celui-ci non plus n'a pas tiré sur nous. Ils veulent seulement nous faire prisonniers.

Et il ajouta pour tenter de la dérider :

– Au moins, s'ils nous attrapent, nous serons sûrs de ne plus les perdre !

Il s'interrompit. Corinne avait relevé la tête, et elle le regardait en réfléchissant intensément. Puis elle sourit :

– C'est cela, tu as raison ! Il faut se laisser prendre !

Et comme Dendrone la regardait éberlué, sans comprendre, elle se mit à rire.

– Pas tous les deux, juste un de nous ! Ils ne savent pas qu'on peut communiquer ensemble. Tu vas faire semblant de te faire prendre par surprise, et moi, je resterai cachée. Je saurai par toi tout ce qu'ils font, tout ce qu'ils disent, et je pourrai préparer quelque chose. Si tu peux les retarder, j'aurai même de l'avance à mon tour, et j'aurai plus de chances de réussir. Je t'assure, Dendrone, ça peut marcher ! Mais il faut que ce soit moi qui reste libre ; c'est mon monde ici, je saurai me débrouiller mieux que toi.

Dendrone finit par accepter, et ils mirent au point les détails. Il n'y en avait pas beaucoup : le plan de Corinne n'était pas très élaboré, et elle s'en remettait beaucoup à la chance.

Ils se séparèrent avec un petit pincement au cœur : Corinne s'éloigna pour descendre dans la vallée par un autre chemin ; Dendrone devait aller vers leurs ennemis.

Il réfléchit un instant, puis, après avoir vérifié soigneusement qu'il n'y avait pas d'hélicoptères dans les environs, il partit comme un fou droit devant lui, dans un grand bruit de branches, en agitant les bras et en hurlant d'une voix angoissée :

*– Ladreth ! Ladreth ! Corinne esgane !**

Il déboula comme une bombe au milieu des hommes qui s'étaient arrêtés. Driyane l'attrapa au vol, et lui bloqua les bras dans le dos en lui plaquant la main sur la bouche. Oummas chuchota sèchement à Seleldiwar :

– Toi, le vieux, fais-le taire ! Les militaires vont nous repérer !

Seleldiwar lui transmit l'ordre doucement, et Dendrone cessa de se débattre, si bien que Driyane le

* – À l'aide ! À l'aide ! Corinne est tombée !

relâcha. Tout en continuant de pleurer d'un air désespéré, le garçon expliqua tout bas, d'une voix entrecoupée de sanglots :

– *Corinne esgane, egoprane, miwyn gharnane ! Mrane derit, telwyn némennrir !**

Lorsque Seleldiwar leur eut répété la phrase dans leur langue, les deux hommes débattirent entre eux un instant à voix basse, puis Oummas saisit brutalement le poignet du vieux mage et repartit avec lui dans la descente, tandis que Driyane, l'arme braquée sur Dendrone, désignait la montagne :

– Bon, vas-y, montre-moi où elle est ! On va la chercher.

Profitant de cette agitation, Corinne avait couru jusqu'en bas de la pente, et elle avait atteint les prés d'herbe haute qui s'étendaient sous la forêt. Avant de s'engager à terrain découvert, elle contacta son ami pour savoir où se trouvaient les hommes de la Pieuvre ; mais Oummas et Driyane s'étaient séparés, et Dendrone ne put lui être d'aucun secours. Elle hésita longuement, scrutant les bois aux alentours. Elle avait descendu la montagne sans jeter un seul coup d'œil en arrière, si bien que maintenant elle ne pouvait pas deviner par où étaient passés Oummas et Seleldiwar. Les hélicoptères bourdonnaient toujours, et de temps à autre l'un d'eux passait au-dessus d'elle loin dans le ciel ; mais ils cherchaient plus haut dans la montagne, et elle ne risquait pas grand-chose d'eux.

---

* – Corinne est tombée, elle est blessée, elle va peut-être mourir ! Elle est là-haut, il faut aller la chercher !

En tournant la tête vers le nord, elle crut apercevoir un reflet du coin de l'œil. Elle mit quelques instants à distinguer nettement d'où il provenait, mais il n'y avait aucun doute : c'était une voiture, un 4 x 4 caché sous les sapins. Son cœur se serra : elle n'avait même pas pensé qu'ils pouvaient avoir une voiture ! Bien sûr, ils n'étaient pas venus de Pérennaude à pied ! Elle regrettait déjà son plan, qui ne lui semblait plus du tout aussi bon. Tout en s'approchant prudemment du véhicule, elle réfléchit de toutes ses forces. Il fallait empêcher la voiture de partir. Comment ? Son père lui avait souvent expliqué le fonctionnement d'un moteur, elle parviendrait peut-être à couper les fils de la batterie, ou à démonter la bougie ?

Mais la voiture était fermée, et elle ne pouvait pas ouvrir le capot. Elle pensa à crever les pneus, mais elle n'avait rien, pas même un canif ; en désespoir de cause, elle tenta de boucher le pot d'échappement avec de la terre et de la mousse. Elle n'eut pas le temps de finir que déjà Oummas arrivait avec Seleldiwar. Prise de panique, Corinne rampa sous la voiture. Oummas ouvrit la portière et poussa le vieil homme à l'intérieur, puis s'adossa

à un arbre pour surveiller à la fois le véhicule et le chemin. Corinne était coincée.

De son côté, Dendrone n'était pas parvenu à ralentir beaucoup Driyane. Il avait bien essayé de l'entraîner dans des escalades risquées, mais l'homme était méfiant et pas très sportif, il n'était pas question pour lui de faire un seul pas hors du sentier. Si bien qu'au bout de cinq minutes de marche sans trouver la petite fille, il commença à avoir des doutes, d'autant plus qu'il ne comprenait rien à ce que lui disait le garçon. Et comme les hélicoptères revenaient vers eux, il décida de faire demi-tour et de rejoindre les autres.

Ils étaient en train de redescendre quand Dendrone reçut l'appel angoissé de Corinne immobilisée sous le 4 x 4. Pour détourner l'attention des hommes, il se remit à crier et pleurer, si bien que Oummas, traînant Seleldiwar derrière lui, remonta vers eux pour prêter main-forte à Driyane. Corinne courut se cacher derrière un buisson.

Elle vit le gros homme pousser les prisonniers dans la voiture, et s'installer au volant tandis que l'autre s'asseyait à côté de lui, son arme toujours braquée sur Seleldiwar et Dendrone. Le 4 x 4 cracha un peu au démarrage, mais le bouchon mal fini du pot d'échappement fut projeté à l'extérieur ; Corinne, atterrée, vit le véhicule s'éloigner rapidement. Elle était seule.

Elle entendit alors Dendrone qui lui parlait toujours :

– Ne t'en fais pas, je te dirai où nous allons. Tu nous retrouveras, je te fais confiance !

Chapitre 24

Voyage en train

Il était presque midi quand le train pour Narbourg s'ébranla doucement. Assise à côté de la fenêtre, Corinne regardait vaguement à travers la vitre sale. Les hangars des quais et les murs gris sans fenêtres reculaient de plus en plus rapidement sous ses yeux brouillés de fatigue. Elle entendit Dendrone qui lui disait : « Tu ferais aussi bien de dormir, maintenant ! » Mais elle n'arrivait pas à se détendre suffisamment pour sombrer dans le sommeil.

Elle se sentait à la fois exaltée et angoissée de toutes les responsabilités qu'elle avait dû assumer depuis la veille, quand la voiture avait démarré en emportant ses amis. Son plan dans la montagne n'avait pas été fameux, mais elle avait promis à Dendrone qu'il pouvait lui faire confiance. Elle voulait réussir. Elle était partie bravement à pied vers le nord, vers Pérennaude.

Il était très tard lorsqu'elle était arrivée. Elle avait profité de la solitude de la nuit pour tirer de l'argent à un distributeur, et pour prendre son billet de train à un appareil automatique dans la gare déserte. Puis elle était allée se cacher dans un jardin public. Elle n'avait presque pas dormi : il faisait trop froid, elle avait passé des heures à grelotter en attendant le jour, et elle avait attrapé un rhume.

Heureusement, c'était encore les vacances : il y avait beaucoup d'enfants dans les rues. Personne ne l'avait spécialement regardée le matin, lorsqu'elle était sortie sale et chiffonnée de sa cachette. Elle avait pu sans incident faire quelques courses, et elle s'était lavée un peu dans les toilettes de la gare. En arrivant sur le quai, la chance lui avait encore souri : une colonie de vacances qui rentrait occupait tout l'espace, dans un grand remue-ménage ; elle s'était mêlée aux enfants, et elle était montée dans le train sans problème.

La chance... elle semblait avoir tourné enfin en sa faveur. Finalement, toute seule, elle ne s'était pas si mal débrouillée ! Elle devenait une vraie femme d'action.

Là-dessus, elle entendit Dendrone se mettre à rire, et elle se sentit un peu confuse. En fait, elle n'avait jamais été seule. Ils étaient deux.

Quand la voiture avait démarré, ils avaient lié leurs esprits si fort qu'ils en étaient presque devenus un être double. Elle était à la fois dans la forêt et dans le 4 x 4, et Dendrone l'accompagnait sur le sentier. La voiture accumulait entre eux les kilomètres ; mais le lien ne s'était jamais rompu.

Sur la route, il s'était mis à pleuvoir, une pluie battante qui cinglait le pare-brise. Les hommes se taisaient, on n'entendait que le bruit rythmé des essuie-glaces. Toutes les tentatives de Dendrone pour parler à Seleldiwar avaient été réprimées sèchement par Driyane, avec des coups et des insultes. Mais Dendrone était persuadé que le vieux mage avait deviné beaucoup de choses.

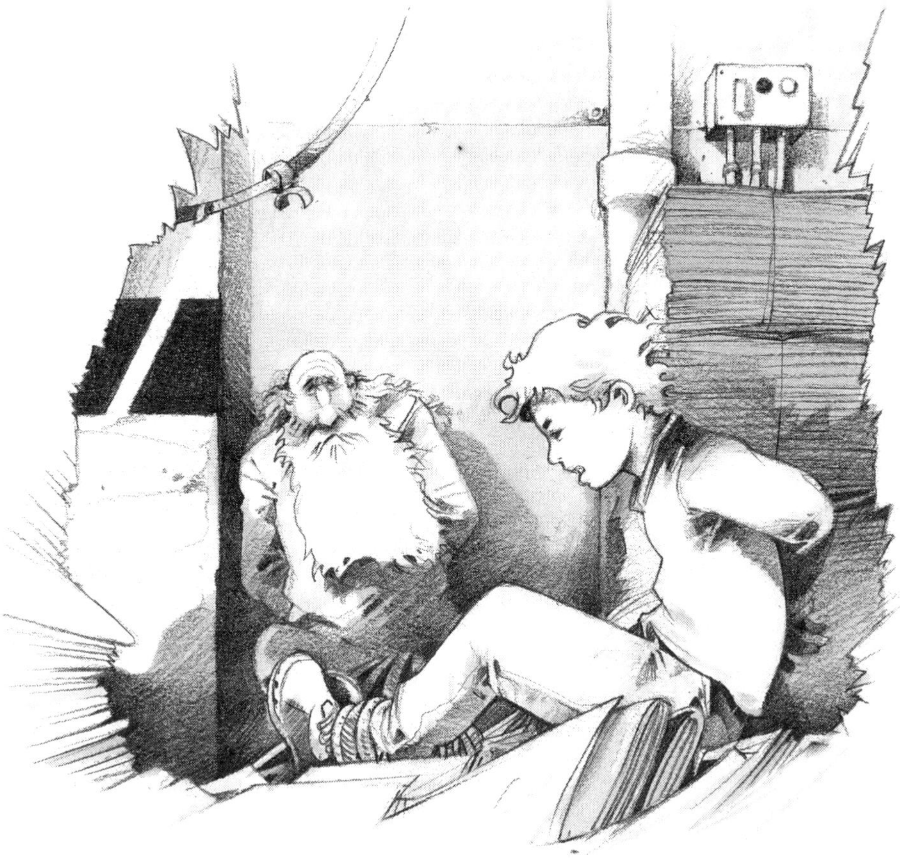

La voiture avait atteint Narbourg à la nuit tombée. Les hommes s'étaient arrêtés un peu au nord de la ville, dans ce qui semblait être une usine désaffectée. À la pâle lueur d'une lampe de poche, ils avaient poussé Dendrone et Seleldiwar à travers des rangées de vieilles machines. Puis ils les avaient enfermés, solidement attachés, dans un réduit vide jonché de vieux journaux, qui sentait la poussière et la rouille.

Dans le jardin public, Corinne avait écouté longtemps la voix étouffée de Dendrone qui racontait au vieil homme tout ce qu'ils avaient fait depuis la veille. Elle avait fini par s'endormir, et n'avait pas entendu Seleldiwar qui disait en hochant tristement la tête :

– Vous avez été très courageux. Mais j'ai bien peur que vous n'ayez fait une erreur. Il ne fallait pas vous occuper de moi. N'as-tu pas entendu ce que j'ai expliqué à Quirix ? Si vous parvenez à refermer la Porte de Naghar par le sortilège qu'on vous a enseigné, le Nadir sera scellé. Tout ce qui a été fait par lui sera annulé. Les choses et les gens passés de l'autre côté se retrouveront à leur point de départ, à l'instant de leur traversée : toi et moi à Quirix, Corinne et son père à l'étang des Monettes. C'est d'ailleurs notre seule chance, car qu'aurions-nous fait, une fois le Nadir refermé, à Naghar ou à Narbourg ? Maintenant, il ne nous reste plus qu'à espérer qu'ils nous laisseront en vie assez longtemps pour que Corinne ait le temps de nous rejoindre…

Au matin, Dendrone s'était réveillé de très mauvaise humeur, douloureusement ankylosé par toutes les heures qu'il avait passées immobile, ligoté sur le sol froid. La télépathie était devenue presque un fardeau, car Corinne sentait dans ses membres les crampes du garçon, tandis qu'il subissait avec elle son mal de tête et son rhume. Ils n'avaient pas envie de parler, et elle s'était affairée dans un silence morne, tandis que lui, ruminait des pensées noires, persuadé qu'ils allaient être tués avant que Corinne n'arrive. Au milieu de la matinée, blotti contre Seleldiwar, il avait fini par s'endormir d'un sommeil troublé de rêves.

Dans le train, Corinne s'était assoupie elle aussi au rythme sourd des roues sur les rails et, quand le contrôleur passa une première fois, elle dormait, la tête appuyée contre la vitre. Comme elle était assise juste à côté de la colonie de vacances, il ne s'occupa pas d'elle, croyant qu'elle faisait partie du groupe.

Elle dormit longtemps. Le soir commençait à tomber quand le contrôleur, passant de nouveau, la secoua doucement par l'épaule. Le wagon était presque vide. Les enfants étaient descendus du train. Comme elle lui tendait son billet, il la questionna gentiment :

– Pourquoi es-tu toute seule ? Tu n'étais pas avec les autres enfants ? Où sont tes parents ?

Émergeant péniblement du sommeil, Corinne inventa précipitamment une histoire de parents divorcés, de vacances chez son père à Pérennaude et d'un retour à Narbourg chez sa mère. Le contrôleur hocha pensivement la tête, puis il lui dit :

– En tout cas, tu ne peux pas rester ici dans ce wagon désert. Viens avec moi, je vais trouver quelqu'un à qui te confier.

En refermant la porte du wagon, Corinne remarqua sans trop y prêter attention un gros homme chauve qui se levait de sa place et s'avançait à leur suite. Mais elle était surtout inquiète de ce qu'allait faire le contrôleur. Dendrone dormait toujours, et elle se sentait très seule.

Le contrôleur s'arrêta dans un wagon plus ancien, divisé en compartiments. Il ouvrit une porte et fit entrer Corinne. Une jeune femme blonde, avec un bébé dans les bras, les accueillit d'un sourire. Il y avait trois autres enfants : une fille qui semblait avoir une douzaine d'années, un garçon un peu plus jeune, et un petit de deux ou trois ans qui dormait couché sur la banquette. Les deux plus grands étaient plongés dans une partie de cartes. Le contrôleur désigna Corinne :

– Excusez-moi, madame, cette petite fille voyage seule, et j'ai pensé qu'elle serait mieux avec vous. Elle va jusqu'à Narbourg.

La femme sourit encore plus largement, et déplaça doucement le petit pour faire de la place à la fillette. Dès que le contrôleur fut sorti, les deux enfants lâchèrent leurs cartes et assaillirent Corinne de questions. Où étaient ses parents ? Comment se faisait-il qu'elle ait le droit de voyager toute seule ? Elle avait de la chance ! Où habitait-elle ? Et son école, laquelle était-ce ?...

Corinne, un peu éberluée après toutes ces heures de solitude, s'en tint à son histoire de parents divorcés. Les enfants parlaient si vite qu'elle n'eut pas trop de mal à éluder les questions précises. Elle finit par se retrouver enrôlée dans la partie de cartes ; mais visiblement le garçon, David, n'était plus tellement intéressé par le jeu, et il préférait de loin parler avec sa nouvelle camarade.

– Si tu habites au nord de la ville, tu dois connaître le brouillard fantôme ? Tu sais, le brouillard qui vient de la montagne, et qui avance maintenant jusqu'à Sorènes, à dix kilomètres de Narbourg ? C'est comme ça qu'on l'appelle à mon école, les grands disent qu'il est rempli de fantômes qui vont envahir la ville.

Corinne pâlit en pensant à la Porte de Naghar ; elle l'avait presque oubliée, et la hâte de Seleldiwar lui revint brusquement à l'esprit. Si elle n'arrivait pas à rejoindre Dendrone, lui et Seleldiwar ne seraient pas les seuls à mourir…

La mère de David fit taire son fils :

– Arrête de lui faire peur avec tes histoires à dormir debout. Si vous ne voulez plus jouer aux cartes, allez donc vous dégourdir les jambes dans le couloir, et laissez dormir le petit.

En sortant du compartiment, Corinne étouffa un cri de peur que seul Dendrone entendit – il fut d'ailleurs réveillé en sursaut.

Le gros homme chauve était là, accoudé à la barre d'une fenêtre, et il lui jetait un coup d'œil furtif. Elle était d'instinct certaine qu'il la suivait, et qu'il faisait partie de leurs ennemis. Et elle entendit Dendrone grommeler : « Eh bien, il ne manquait plus que ça ! »

David et sa sœur avaient remarqué son geste de recul et, dès qu'ils furent à l'autre bout de la voiture, ils lui chuchotèrent à voix basse :

– Qui est-ce ? Pourquoi est-ce qu'il te fait peur ?

– Je crois qu'il me suit…

– Il t'a déjà ennuyée ? Avant que tu ne viennes avec nous ? Pourquoi n'as-tu rien dit au contrôleur ?

Corinne se raccrocha précipitamment à son histoire de parents divorcés :

– Non, non ! Ma mère serait en colère après mon père : elle ne veut pas qu'il me fasse voyager seule. Alors si elle apprenait qu'il y a eu des problèmes…

– Tu n'as plus à t'en faire maintenant, tu es avec nous, et Maman pourra te défendre !

Mais Corinne ne semblait toujours pas rassurée.

– Pour le moment, oui, mais en arrivant à la gare ? Si jamais ma mère était en retard ?

David eut un petit rire joyeux.

– Tu sais ce qu'on va faire ? En arrivant à Narbourg, tu fileras devant, et nous, on l'empêchera de passer. Et si jamais ta mère n'est pas là, tu auras le temps de te cacher dans un coin discret, et il ne te retrouvera jamais !

Corinne sourit, rassurée par ce soutien. Sans le savoir, ces enfants lui sauvaient la vie. Ils revinrent tranquillement en jouant aux devinettes. Le gros homme chauve était rentré dans son compartiment, mais, en passant, Corinne le vit qui guettait derrière le rideau de la porte.

Chapitre 25

L'usine désaffectée

Dans la prison de Dendrone et Seleldiwar, un homme fit brusquement irruption :

– Venez, le chef a besoin de vous en bas. Il y a un appel de l'au-delà.

La phrase n'était pas trop inquiétante, et il ne semblait pas qu'on ait décidé de les tuer tout de suite. Néanmoins Dendrone se leva le cœur serré : Corinne était encore loin, et qui pouvait dire ce qui allait arriver avant qu'elle ne puisse les rejoindre ? Seleldiwar avait pâli, et il lui murmura tout bas :

– Tiens-toi prêt, ne laisse échapper aucune occasion de t'enfuir. Je crois que c'est notre dernière chance, nous allons bientôt rencontrer le Sans-Nom, ou l'une de ses créatures.

Dendrone, pétrifié, comprit brutalement qu'ils étaient aux mains des correspondants en ce monde du roi-fantôme, et qu'on les avait gardés ici en attendant les ordres ; mais c'était fini, il n'y avait aucune grâce à espérer du démon de Naghar, et ils marchaient vers leur condamnation. Il tenta de se débattre ; l'homme leur passa alors des menottes, et les poussa en avant du canon de son arme.

Dans le train, Corinne tressaillit et faillit crier de terreur. La mère de David était en train de rassembler ses bagages et ne s'en aperçut pas, mais les enfants, eux, remarquèrent sa pâleur. Ils crurent qu'elle avait vu de nouveau le gros homme chauve, et David lui chuchota :

– On va mettre les bagages dans le couloir, et le bloquer. Laisse-nous ta valise, on te la rendra dans la gare, et faufile-toi à l'avant du train pour être prête à descendre...

Elle le remercia d'un faible sourire ; en réalité, elle avait complètement oublié le gros chauve. D'ailleurs, pourquoi ne lui avait-il encore rien fait, celui-là ? Puis elle comprit. Il n'avait pas besoin d'intervenir : elle allait d'elle-même à Narbourg se jeter dans la gueule du loup ! Elle sentait la terreur de Dendrone, elle aurait voulu sauter du train et fuir.

Elle se força à se calmer, et réfléchit de toutes ses forces. Le plus important, c'était de ne pas perdre une minute quand elle serait à la gare. Elle pourrait prendre un taxi. Mais pour où ?

Dendrone, de son côté, faisait un gros effort pour se remémorer tous les détails de son arrivée dans la vieille usine : la nuit, les halos des réverbères dans le brouillard... Le brouillard... David en avait parlé. Il avait dit un nom... Sorènes. Voilà. C'est là qu'elle irait. Il restait encore un quart d'heure avant l'arrêt du train à Narbourg, et il lui faudrait encore au moins autant de temps pour le trajet en taxi. Pourvu qu'il ne se passe rien d'ici là !

À travers les couloirs et les machines, Seleldiwar et Dendrone avaient été conduits jusqu'à une grande pièce vide, au sous-sol de l'usine. Un jour gris entrait par les soupiraux, et des bougies posées par terre en cercle éclairaient le sol d'une lumière tremblotante. Une vingtaine d'hommes armés, habillés en noir, se tenaient le long des murs. Dendrone sursauta de surprise lorsqu'on poussa dans la salle un homme maigre, à moitié fou de peur, vêtu d'une robe de sorcier comme on en portait dans leur monde. Seleldiwar murmura avec colère :

– C'est donc à cela que le Sans-Nom utilise ses prisonniers ! C'est grâce à eux qu'il parvient à communiquer à travers le Nadir !

Pendant plusieurs minutes, le sorcier resta immobile au milieu du cercle, l'air effaré et les yeux agrandis de terreur. Puis, sous la menace de deux hommes qui brandissaient leurs armes, il commença à réciter d'une voix étranglée par la peur :

– *Tamnith, Nighaci Dhrone ! Tamnith a diwith siriyus...* *

L'incantation, sourde et hachée, semblait emplir l'air d'un bourdonnement de mouches ou de frelons. Les bavardages des hommes noirs s'étaient arrêtés, et l'atmosphère du sous-sol devenait épaisse et oppressante. Dendrone avait les oreilles qui sifflaient ; dans le train, Corinne se sentit trempée de sueur.

Soudain on entendit un rire froid et cruel, sorti de nulle part. Le sorcier s'effondra sur le sol, mais il n'était plus utile : le démon était là.

La voix spectrale se tut un instant, comme si le fantôme examinait un à un les visages dans la pièce. Et le rire résonna encore plus fort, plus dur et tranchant :

---

* – Viens, roi des morts ! Viens et parle à son esclave...

– Seleldiwar ! Qu'espérais-tu donc manigancer dans ce monde, sorcier sans pouvoirs ? Mais je vois que tu es accompagné…

Le rire reprit de plus belle, tandis que Dendrone se sentait transpercé comme par mille glaçons aigus.

– J'ai déjà vu cette petite vermine. Je devine tes projets, mais tu as perdu l'autre en route ! Vieux fou, croyais-tu vraiment ébranler ma puissance avec ces gnomes ridicules ?

Et dans la langue du Deuxième Monde, la voix termina sèchement sur un ordre bref :

– Ces deux-là sont pour moi. Amenez-les au passage. Rapidement.

La présence invisible s'effaça d'un seul coup. L'air était devenu glacial, et tous tremblaient violemment sans pouvoir s'en empêcher. Les hommes debout le long du mur firent passer entre eux une bouteille d'alcool qui fut aussitôt bue, et ils se forcèrent à lancer quelques plaisanteries. Mais elles sonnaient faux.

Un vieil homme sec aux lèvres minces et dures entra dans le sous-sol. C'était visiblement le chef des hommes en noir. Tous s'assemblèrent respectueusement autour de lui, tandis que l'un d'eux lui rapportait les paroles du spectre. Il donna quelques ordres pour préparer le départ, et ressortit presque aussitôt. Dendrone et Seleldiwar furent attachés par des menottes à un tuyau, et les hommes quittèrent la pièce en emportant le sorcier, sauf un qui resta pour garder les deux prisonniers.

Corinne respirait plus librement, et l'oppression se relâcha sur son cœur. Le train entrait dans Narbourg et, à travers le soir gris qui obstruait les vitres, on voyait défiler les premières maisons doucement éclairées. Les enfants sortirent les bagages dans le couloir en les entassant devant le compartiment du gros chauve, et Corinne fila en courant en tête du train. Elle ne le savait pas, mais ils l'avaient également sauvée du contrôleur, qui comptait l'accompagner sur le quai pour vérifier que sa mère était bien là. Et tandis que tout le monde dans le wagon pestait après ces valises qui bouchaient si stupidement le passage, Corinne sauta du train et courut vers les taxis.

Le chauffeur hésita un instant pour emmener cette petite fille seule, mais elle avait de l'argent, et il finit par se laisser convaincre. Elle fut à Sorènes en dix minutes. Il y avait encore quelques passants dans les rues malgré l'heure tardive ; mais Corinne ne se souciait plus d'être remarquée. Elle se mit à courir de toutes ses forces, droit devant elle, en s'arrêtant à peine ici ou là pour reconnaître sa route ; il fallait sauver ses amis, et l'urgence lui donnait des ailes.

Elle trouva la vieille usine en s'aidant du lien qui l'unissait à Dendrone, et qui battait plus fort dans son cœur quand elle se rapprochait de lui.

Mais devant le vieux bâtiment, presque indistinct dans le brouillard gris et froid, que les réverbères n'arrivaient pas à percer plus loin qu'un halo pâle, elle resta désemparée. Comment entrer ?

Le désespoir l'envahit d'un coup. Il restait si peu de temps ! Les hommes allaient sortir avec Dendrone et Seleldiwar, pour les emmener vers le roi-fantôme. Elle ne pourrait plus rien faire.

Tandis qu'elle s'efforçait de réfléchir, le cerveau paralysé par la panique, ses yeux tombèrent sur une grille à moitié détachée qui pendait sur le mur, à trois mètres du sol. Un conduit d'aération. Elle chercha éperdument du regard quelque chose à escalader pour grimper jusque-là. Des vieux cartons, des bidons empilés dix mètres plus loin… Elle courut vers eux, et entreprit d'en pousser un de toutes ses forces. Mais il était trop lourd, et elle ne parvint même pas à l'ébranler. Elle revint brusquement vers le mur, l'examinant fébrilement pour tenter de découvrir des prises qui permettraient de l'escalader.

Dans le sous-sol, Dendrone expliquait à voix basse la situation à Seleldiwar.

– Essaye le nomen, Dendrone ; cela peut marcher. Nous ne sommes plus vraiment dans le Deuxième Monde ici, tout se mélange à travers la porte Nadir. La puissance du Sans-Nom est partout et paralyse les sortilèges, mais le nomen lui échappe. Unis le tien à celui de Corinne, et essaye de la faire voler !

Dendrone força les battements de son cœur à s'apaiser et, oubliant la pièce où il se trouvait, il lança son âme vers Corinne. De toutes ses forces, il s'efforça de rassembler et de fortifier le nomen de la petite fille. Ce ne fut pas facile. Il aurait fallu que Corinne elle aussi parvienne à se détendre, mais elle était trop énervée, affolée au moindre bruit. Il finit pourtant par la calmer, et réussit à la convaincre que l'escalade était possible : il suffisait qu'elle se concentre bien sur le mur, qu'elle ne pense à rien d'autre qu'aux prises à atteindre, lentement, l'une après l'autre.

En scrutant le mur méthodiquement, centimètre par centimètre, Corinne finit par distinguer une fissure au-dessus d'elle, à moins de deux mètres, presque à portée de sa main. Elle prit son élan pour sauter, s'élança… et se retrouva accrochée au conduit d'aération, Dendrone ayant réussi à doubler la puissance de son saut. C'était un tel succès qu'elle reprit de l'assurance. Elle se faufila rapidement dans le passage étroit. Le conduit résonnait comme un tambour au moindre choc, si bien qu'elle enleva ses chaussures, et se mit à ramper comme un serpent, sans heurts, en posant doucement l'un après l'autre, bien à plat, ses mains et ses pieds nus. Le tuyau était encombré de gravats et de feuilles mortes, et elle s'efforçait de ne pas penser aux bêtes répugnantes qui devaient s'y cacher.

Au bout d'une dizaine de mètres, le conduit s'arrêta pour tourner à angle droit vers le bas. Sans hésiter, se calant sur ses jambes tendues, le dos appuyé d'un côté et les pieds de l'autre, Corinne entama la descente dans l'obscurité complète. Mais la portion verticale du tuyau faisait plusieurs mètres, et elle n'eut pas la force de tenir jusqu'au bout. Elle finit par glisser, et termina la descente par une chute d'au moins deux fois sa hauteur, qui résonna dans les murs comme un coup de gong.

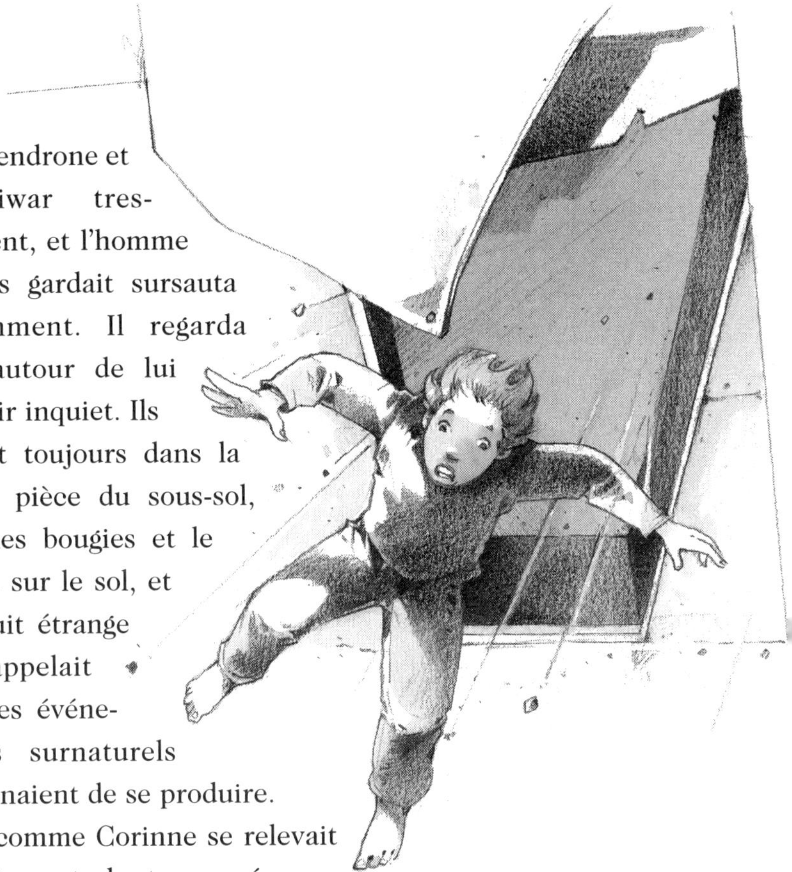

Dendrone et Seleldiwar tressaillirent, et l'homme qui les gardait sursauta violemment. Il regarda tout autour de lui d'un air inquiet. Ils étaient toujours dans la même pièce du sous-sol, avec les bougies et le dessin sur le sol, et ce bruit étrange lui rappelait trop les événements surnaturels qui venaient de se produire. Puis, comme Corinne se relevait péniblement, le tuyau résonna encore avec un bruit qui ressemblait à une plainte.

C'en était trop pour l'homme, qui commença à s'affoler à l'idée de devoir affronter seul une nouvelle apparition du roi des morts. Il vérifia d'un coup d'œil que les menottes qui retenaient ses prisonniers étaient bien attachées, et il sortit chercher de l'aide.

C'était inespéré. Si seulement Corinne pouvait trouver rapidement une issue pour sortir du conduit… Mais à l'intérieur du tuyau, il faisait toujours un noir d'encre, aucune grille n'apportait la moindre lueur. Pourtant, tout à coup, comme elle avançait sa main, la tôle fléchit sous sa paume avec un craquement bref. Un rai de lumière jaillit, et, sans se soucier du bruit qu'elle faisait, Corinne mit tout son poids sur la plaque disjointe, qui céda sous elle dans un long grincement. Elle atterrit brutalement sur les pieds et les mains, deux mètres plus bas, dans une cave pleine de tuyaux, qui devait être la chaufferie. Elle était couverte de poussière et de toiles d'araignées des pieds à la tête. Elle chercha à s'orienter : elle était sûre d'être trop bas, et d'avoir descendu plus que la hauteur du sous-sol. Un escalier un peu plus loin se perdait dans le noir. Comme elle s'y dirigeait, Corinne entendit un bruit de pas qui descendaient les marches, et elle se cacha vivement derrière la grosse chaudière. Un cercle de lumière jaune apparut sur le sol, et un homme entra dans la cave, balayant tout autour de lui de sa torche électrique. Il avait une arme, mais il la tenait négligemment et maugréait tout seul :

– Quel imbécile ! Il a voulu assister au grand guignol, mais je suis sûr qu'en entendant la voix d'outre-tombe, il a fait dans sa culotte ! Son bruit, c'est juste un animal dans les tuyaux, bien sûr, sans doute une chouette comme le mois dernier ! Et on perd du temps à cause de cet idiot...

Comme il s'avançait pour inspecter le reste de la cave, Corinne se faufila rapidement derrière lui, invisible dans l'ombre, silencieuse sur ses pieds nus. Elle monta rapidement l'escalier, déboucha dans un couloir sombre au bout duquel filtrait la faible lumière d'une porte entrouverte, et courut sans hésitation vers Dendrone et Seleldiwar qui, elle le savait d'instinct, étaient là.

Leurs retrouvailles furent un bref instant de bonheur. Mais il restait le problème des menottes. Elles étaient enroulées autour d'un gros tuyau solidement fixé dans le mur, et Corinne n'avait pas de clef, pas de scie. Comme elle s'énervait à secouer vainement les bracelets de métal, Seleldiwar l'arrêta :

– Il faut encore essayer le nomen, comme tout à l'heure. Je sens votre pouvoir à tous les deux, comme une chaleur sur mon cœur. Vous avez la force nécessaire, vous pouvez réussir. Place-toi derrière Dendrone, Corinne, prends les menottes dans tes mains, et regarde-les bien en tâchant d'imaginer le mécanisme de la serrure. Dendrone va t'aider.

Corinne fit ce que lui disait le vieux maître et, tandis qu'elle touchait le métal froid, elle sentit dans ses mains et ses bras comme un courant électrique. Le mécanisme vibrait et cliquetait doucement dans ses doigts, et un des bracelets finit par s'ouvrir légèrement. Dendrone glissa vivement sa main au travers, et se retrouva libéré, avec seulement la chaîne qui pendait au poignet encore attaché. Sans s'en occuper, ils se hâtèrent de libérer à son tour Seleldiwar, puis ils ouvrirent un soupirail, et s'apprêtèrent à sauter pour l'atteindre.

Mais le passage était étroit, et Seleldiwar ne voulut même pas essayer de se faufiler à travers.

– Il est inutile que je vous accompagne. Je suis vieux, je ne ferai que vous retarder, et vous n'avez pas besoin de moi pour accomplir votre sortilège. Je te l'ai dit, Dendrone, si vous réussissez, je reviendrai avec toi à Quirix. Je vais rester et tâcher de les retarder en leur faisant poursuivre des ombres. Partez vers le nord, et bonne chance !

Corinne l'embrassa longuement et d'un bond léger, amplifié par le nomen, elle se glissa avec Dendrone à travers l'étroit vasistas.

Chapitre 26

La Porte de Naghar

Il faisait nuit, et une bise glaciale soufflait du nord. Le brouillard était trop épais pour être dispersé par le vent, mais il ondoyait furieusement autour d'eux à la pâle lueur des réverbères, en vagues rapides qui les cernaient d'une ronde infernale de fantômes informes. Les deux enfants n'avaient que des vêtements légers cousus pour la chaleur de Quirix, et, au bout de cinq minutes à peine, ils claquaient des dents en se frottant les bras pour se réchauffer. Corinne était toujours pieds nus, si bien que Dendrone lui donna ses chaussures, ne gardant que ses chaussettes.

Ils ne savaient pas où se trouvait la Porte, ni à quelle distance, mais, d'après ses souvenirs de Naghar, Dendrone était presque certain que c'était au nord, trop loin pour y aller à pied. Après avoir étudié la carte, Corinne eut l'idée de chercher des vélos, et ils revinrent vers le village de Sorènes en rasant les murs, à travers les rues noyées de vapeurs blêmes, scrutant les renfoncements et les encoignures de portes. Ils finirent par trouver un vieux vélomoteur, rangé devant une boulangerie.

Corinne enfourcha la machine, Dendrone s'assit derrière elle, et ils démarrèrent en pétaradant dans la rue déserte.

Corinne avait si froid qu'elle ne sentait plus ses pieds ni ses mains, et qu'elle avait beaucoup de mal à piloter l'engin trop gros pour elle. Ils ne savaient pas trop où ils allaient, dans ce brouillard à couper au couteau, où l'on ne pouvait lire les panneaux que si l'on avait le nez dessus.

À force de zigzaguer péniblement, ils finirent par percuter une pierre sur la droite de la route, et ils roulèrent tous les deux l'un sur l'autre par-dessus le talus. Heureusement, ils allaient si doucement qu'ils ne se firent aucun mal. Mais en se relevant, ils tâtonnèrent autour d'eux et s'aperçurent que, sur la gauche, la route était bordée d'un petit parapet qui surplombait un rebord à pic : peut-être un simple fossé, mais peut-être aussi un ravin profond, pour ce qu'ils pouvaient en deviner. Impressionnés par la chute qu'ils auraient pu faire, ils renoncèrent au vélomoteur, et continuèrent à pied.

Ils avaient de plus en plus froid, et l'endroit était effrayant. Dans la nuit et le brouillard, on ne voyait rien, et ils marchaient en s'accrochant l'un à l'autre, palpant de leur main libre le parapet sur leur gauche pour savoir où ils allaient. Ils se sentaient environnés de créatures invisibles, et pas seulement à cause du vent qui agitait le brouillard : ils entrevoyaient parfois des formes noires fuyantes qui s'évanouissaient aussitôt, et d'autres fois ils apercevaient du coin de l'œil de vagues lueurs comme des yeux dans la nuit. En se rappelant la douce lumière jaune du phare du vélomoteur, qui dansait devant eux sur la route si peu de temps auparavant, ils éprouvaient une nostalgie violente. Et pourtant Dendrone se disait qu'ils étaient plus en sécurité maintenant, silencieux dans l'ombre. Sur la machine, une gargouille ou autre chose les aurait certainement repérés, et tués.

Ils marchèrent pendant des heures. Corinne, épuisée, glacée, avait l'impression de vivre un long cauchemar, où elle se débattait dans une glu froide et humide qui l'empêchait d'avancer. Il lui semblait que ses mains et ses pieds étaient irrémédiablement gelés. Elle n'avait plus qu'une seule pensée : s'arrêter pour se reposer un peu. Mais Dendrone savait que, s'ils s'endormaient dans ce froid, ils ne se réveilleraient probablement jamais ; si bien qu'il la forçait à continuer, encore et toujours.

Lui-même sentait le désespoir l'envahir lentement. Il ne savait pas s'ils étaient sur la bonne route, d'ailleurs il ne savait même pas où ils devaient aller. Au nord – mais comment reconnaître le nord, dans cette purée de pois ? Et comment reconnaître la Porte, même s'ils arrivaient dessus ? Il l'avait déjà vue, mais par l'autre côté, en venant de Naghar. Il aurait pu reconnaître la forme des montagnes, mais elles étaient cachées dans la nuit. Et même quand le jour se lèverait, le brouillard serait toujours là.

Et puis une autre angoisse tournait et retournait sans cesse au fond de son esprit. Il s'efforçait de la cacher à Corinne, mais il ne pouvait chasser les paroles de Seleldiwar : s'ils parvenaient à refermer la Porte de Naghar, le Nadir serait scellé. Il ne reverrait jamais son amie. Il aurait tellement voulu revenir quelques jours en arrière, à l'époque où ils étaient tous les deux heureux et insouciants à Quirix, et que ce temps dure pour toujours…

Et Corinne ne savait rien : elle dormait quand le vieux mage lui avait parlé. Il allait falloir le lui dire. Mais elle était déjà si épuisée, si misérable ! Il n'osait pas ajouter encore à son malheur.

Tout à coup, alors qu'ils avançaient toujours péniblement en suivant le parapet, Dendrone ne rencontra plus que le vide sous sa main. Déséquilibré par Corinne qu'il portait presque, tellement elle s'accrochait à son dos, il faillit tomber, se rattrapa de justesse, et resta là, debout, consterné, la petite fille serrée dans ses bras. Il n'y voyait rien, et n'osait plus bouger un pied.

Ne sachant plus que faire, il finit par avoir l'idée d'essayer la magie. Après tout, ils étaient peut-être tout près de la Porte, et, si c'était le cas, cela pouvait marcher, selon Seleldiwar. Il ne voulait pas faire grand-chose, il lui fallait juste un peu de lumière, un peu de feu… Mais auparavant, pour plus de sûreté, il décida d'utiliser la poudre Pani qu'ils avaient emportée pour délivrer le père de Corinne, et qu'il avait toujours gardée dans sa poche. Il en répandit comme il put sur eux deux, et il barbouilla même le visage de Corinne et le sien avec l'onguent destiné à éloigner les gargouilles. Il se rappelait l'attaque qu'ils avaient subie, Zahir et lui, lorsqu'ils étaient allés en Rêve à Naghar, et il y avait déjà un moment qu'il était

convaincu que les monstres avaient dû traverser la Porte. Ce brouillard n'était pas naturel, il avait été mis là pour cacher… il valait mieux ne pas trop penser à ce qui pouvait s'y trouver.

Quand il eut terminé ses préparatifs, il serra fermement Corinne de son bras gauche et, de la main droite, il exécuta un Bannith. Il n'y avait rien à enflammer, juste de la boue et des cailloux sur le sol, mais l'étincelle qu'il avait créée éclaira un instant quelques mètres autour d'eux. Il aperçut sur sa droite les premières marches d'un escalier de pierre qui se perdait dans l'ombre.

L'obscurité revint presque instantanément. Ils se figèrent sur place en entendant des cris et des appels. De vagues lueurs apparurent au-dessus d'eux, et il leur sembla entendre un bruit de porte qui claquait. Il devait y avoir une maison là-haut.

Ne sachant où se cacher, Dendrone et Corinne se serrèrent l'un contre l'autre, tandis que deux personnes descendaient prudemment les marches, projetant autour d'elles les lumières de puissantes lampes torches. Le rayon passa sur eux, et le garçon soupira de soulagement en constatant qu'il ne voyait plus Corinne : la poudre Pani avait fait son effet. Dès que les hommes furent passés devant eux, ils s'engagèrent silencieusement dans l'escalier. S'ils pouvaient entrer dans la maison, il y aurait sûrement de la chaleur, des vêtements chauds, quelque chose à manger... et peut-être pourraient-ils enfin savoir où ils étaient ? Tant que le Pani les protégerait, ils ne risqueraient rien.

Ils réussirent à se glisser à l'intérieur avant que les deux hommes ne reviennent. Ils se retrouvèrent dans un couloir sombre, avec juste à leur gauche une pièce vivement éclairée. Quand ses yeux cessèrent d'être éblouis par la lumière, Dendrone put entrevoir une grande salle remplie de tables et de chaises, qui ressemblait à une salle à manger d'hôtel. Un feu brûlait dans une vaste cheminée, devant laquelle deux autres hommes au moins étaient assis dans des fauteuils, en train de boire des cannettes. Corinne serait bien entrée pour se réchauffer mais ils n'avaient quand même pas suffisamment confiance dans l'efficacité du Pani, si bien qu'ils s'avancèrent dans le couloir vers une autre porte qui donnait, elle, dans une pièce obscure. Tandis qu'ils y entraient, ils entendirent revenir les deux hommes qui étaient sortis.

– Nous n'avons rien vu, c'était sûrement encore une de ces cochonneries qui traînent dans le brouillard.

Un des hommes assis dans un fauteuil lui répondit sèchement :

– En tout cas, pas un mot de tout ça au grand chef, quand il va arriver tout à l'heure. Il est déjà assez en colère à cause des prisonniers qui se sont volatilisés, là-bas à l'usine. Je commence à en avoir par-dessus la tête de tous ces trucs surnaturels. Je préférais le vieux temps, quand une bonne arme suffisait pour régler tous les problèmes… Enfin bon, va terminer ton tour de garde, je te relève dans cinq minutes.

Corinne demanda silencieusement à Dendrone :

– Ce sont encore des ennemis, n'est-ce pas ?

Le garçon s'efforça de paraître sûr de lui :

– Qu'est-ce que ça peut faire, ils ne peuvent pas nous voir !

Et il poussa doucement Corinne dans la pièce sombre. C'était une cuisine, et les restes du repas traînaient sur une longue table de bois flanquée d'un banc. Il faisait encore chaud dans la pièce, bien que le feu dans la cheminée fût réduit à un tas de braises qui éclairait vaguement d'une douce lueur rouge. Les enfants se jetèrent sur le pain et le fromage restés sur la table. Au bout de quelques minutes, quand Dendrone finit par détourner les yeux de la nourriture pour regarder Corinne, il ne put s'empêcher de rire tellement c'était drôle de voir le pain se soulever tout seul dans les airs, et disparaître lentement par petits morceaux. Corinne le regarda avec surprise, et éclata de rire à son tour. Ils riaient tout bas, de peur d'être entendus, mais

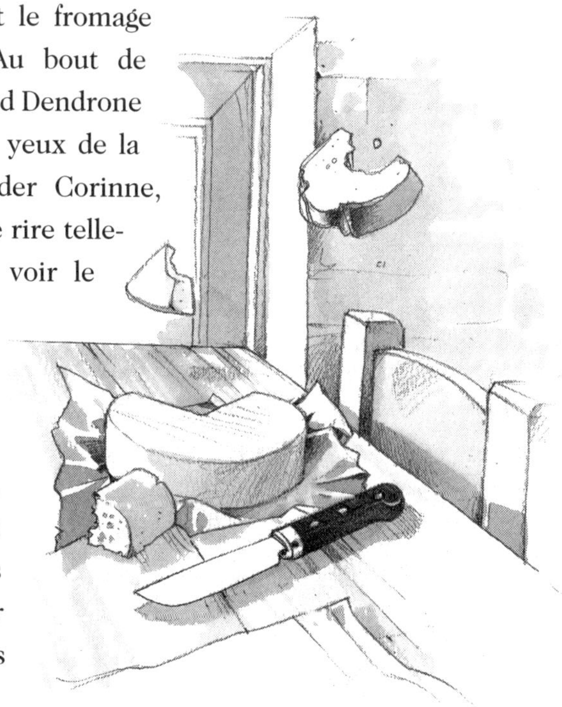

ils se sentaient soudain heureux comme ils ne l'avaient jamais été. Quand ils furent enfin rassasiés, ils partirent explorer silencieusement la maison.

C'était un grand chalet construit juste en bas des pistes de ski pour accueillir les vacanciers des sports d'hiver. La Pieuvre l'avait racheté parce qu'il était tout près de la porte Nadir, située un peu plus haut dans la montagne. Et elle avait fermé le bâtiment ainsi que toute la vallée aux touristes. Des hommes y restaient toute l'année pour surveiller le passage mystérieux par où arrivait l'or. Mais ils haïssaient ce poste, et pas seulement à cause du brouillard qui ne se levait jamais. Des choses horribles rôdaient dans les vapeurs blanches, ceux qui s'éloignaient trop de la maison n'étaient jamais retrouvés. Le sol tremblait par moments, et par-dessus tout ils redoutaient la voix glaciale qui s'élevait parfois venue de nulle part, leur donnant des ordres secs et impérieux auxquels ils n'osaient pas désobéir. La Pieuvre avait changé de chef, et le nouveau, le diable disaient certains, était cent fois plus terrible que leur ancien patron.

Pour Dendrone et Corinne, au contraire, cette maison représentait le salut. Ils n'auraient pas pu aller beaucoup plus loin sur la route, épuisés et gelés comme ils l'étaient. Dans la maison, ils trouvèrent non seulement la chaleur et de quoi manger, mais aussi des chaussures et des vêtements chauds, bien que presque tout fût beaucoup trop grand pour eux. Ils purent quand même s'équiper tant bien que mal pour repartir, et Corinne revivait.

Elle était si heureuse d'être enfin au chaud et en sécurité qu'elle riait tout bas à tout propos ; et en l'entendant, Dendrone se sentit soudain si triste qu'il ne put empêcher qu'elle s'en aperçoive. Elle le questionna avec inquiétude, en esprit et sans bruit, comme ils avaient l'habitude de le faire entre eux :

– Qu'est-ce qu'il y a qui ne va pas ? Je ne me moque pas de toi, tu sais ! Pourquoi es-tu malheureux ?

Dendrone baissa la tête sans répondre, mais les paroles de Seleldiwar résonnaient si fort dans sa tête qu'elles finirent par lui échapper, et Corinne vit comme lui en souvenir le vieux mage qui parlait, là-bas dans la prison de Narbourg :

« Quand vous fermerez la Porte de Naghar, le Nadir sera scellé. Tout ce qui a été fait par lui sera annulé. Les choses et les gens passés de l'autre côté se retrouveront à leur point de départ, à l'instant de leur traversée : toi et moi à Quirix, Corinne et son père à l'étang des Monettes… »

Nous ne pourrons plus nous revoir, pensait Dendrone en écho.

Il regardait fixement ses pieds, et ne vit pas Corinne pâlir brusquement, mais il entendit le faible gémissement qu'elle ne parvint pas à retenir. Il essaya maladroitement de la réconforter :

– C'est mieux ainsi, tu sais. Sinon nous serions tous morts peu de temps après avoir réussi notre sortilège. Ton père dans les forges du roi-fantôme, Seleldiwar prisonnier, toi ici au milieu de ces hommes, et moi tout seul à Naghar. Comment aurait-il été possible de nous échapper ?

Mais Corinne pleurait toujours en silence.

– Toi, encore, tu as de la chance. Tu reviendras à Quirix, et tu pourras te rappeler tous nos bons moments

là-bas. Mais moi, je serai aux Monettes, avant notre rencontre, et ce sera comme si je ne t'avais jamais connu. Je ne me souviendrai de rien…

Elle était si désespérée que tout son corps était secoué de sanglots silencieux. Dendrone inspira profondément, puis il lui serra la main en déclarant solennellement :

– Non, cela, on va l'empêcher. Tu vas voir. Il ne reste sûrement pas beaucoup de temps avant qu'on n'arrive à la porte, mais on peut encore faire quelque chose. On va se raconter tout sur nous-mêmes, l'un à l'autre, et tu me connaîtras aussi bien que je me connais moi-même. Tu seras un peu moi, et je serai un peu toi, comme si nous étions des siamois. Nous serons liés si fort que même le Nadir ne pourra pas nous séparer entièrement. Seleldiwar ne connaît pas tout, en tout cas il ne sait presque rien de ce qui nous concerne ; ses prédictions peuvent être fausses, tandis que moi, je sais de quoi je parle. On va réussir.

Corinne regarda son ami, et parvint à lui adresser un pâle sourire.

– Tu sais, je n'avais jamais rencontré quelqu'un d'autre comme toi ! D'accord, je te crois ; on va réussir. Mais il faut partir maintenant, nous avons déjà perdu trop de temps. Retournons dehors, dans le brouillard.

De nouveau, et bien soigneusement cette fois, ils se recouvrirent tous les deux de poudre Pani et d'onguent contre les gargouilles. Ils descendirent silencieusement l'escalier.

Comme ils arrivaient aux dernières marches, la porte s'ouvrit brusquement sur des hommes de la Pieuvre. Parmi eux, il y avait le chef que Dendrone avait déjà vu à l'usine, l'homme aux lèvres crispées et au regard froid. Les deux enfants se figèrent sur place, mais personne ne les voyait. Les arrivants se bousculèrent pour entrer dans la pièce chauffée, dans un brouhaha de paroles, mais par-dessus le bruit se détachait la voix sèche de leur chef :

– Il n'y a donc personne pour faire le guet au passage ? Vous êtes une bande d'incapables ! Le correspondant attend les prisonniers ; nous les avons perdus, il faut au moins lui apporter quelques caisses d'armes pour le faire patienter. Toi, et toi, chargez immédiatement la camionnette, et allez là-haut. J'attends votre rapport dans une heure.

Deux hommes se dirigèrent alors rapidement vers la porte, et Dendrone sourit en s'adressant silencieusement à Corinne :

– La chance a tourné, nous allons finir le voyage en voiture.

Les deux enfants se faufilèrent dehors à leur tour, et ils attendirent que les premières caisses soient chargées pour monter s'asseoir dessus, à l'arrière de la camionnette. Ils se serrèrent l'un contre l'autre en se tenant par la main, et ils commencèrent à échanger tous leurs souvenirs.

Le voyage dura à peine un quart d'heure, mais ils ne perdirent pas une seule minute. Quand la camionnette s'arrêta, ils avaient emmagasiné chacun tellement d'images et d'impressions qu'il leur semblait avoir lu un livre tout entier.

Tandis que les hommes déchargeaient les caisses, ils sortirent du véhicule et regardèrent autour d'eux.

Le jour se levait, une aube pâle dans laquelle on ne pouvait pas encore distinguer les couleurs. Le brouillard opaque noyait toujours la montagne mais, dans un cercle d'une cinquantaine de mètres autour d'eux, l'air était clair et dégagé, et ils voyaient distinctement la terre nue des pentes, les gros blocs de rochers entassés au creux de la vallée. À quelques pas de l'endroit où ils se tenaient, la porte Nadir vibrait furieusement, faisant trembler le sol. Elle était bien comme l'avait décrite Seleldiwar : ce n'était plus le léger frémissement d'air que Dendrone et Zahir avaient vu lors de leur Rêve, c'était comme la surface d'une mer déchaînée ; elle était dix fois plus grande et dans les vagues et les remous, on voyait sans cesse apparaître des visages hideux et des formes monstrueuses. Dendrone et Corinne remarquèrent que les deux hommes évitaient de la regarder, et de s'en approcher : une sorte de tronçon de rails avait été installé, et un wagonnet actionné par une corde glissant dans une poulie avait été aménagé pour les va-et-vient.

Dendrone remarqua des formes noires, à la limite de la visibilité : les gargouilles surveillaient le passage. Il sursauta, mais elles ne faisaient pas attention à eux : ils étaient bien protégés par l'onguent et la poudre, les monstrueuses créatures ne les avaient ni vus, ni sentis.

Ils s'avancèrent alors lentement vers la Porte, et s'apprêtèrent à y entrer en prenant une grande inspiration, comme pour sauter dans une eau profonde.

Au même instant, une grande silhouette noire enveloppée d'un manteau se dessina dans les vagues d'air devant eux, et la voix cruelle que Dendrone avait entendue dans l'usine les frappa de plein fouet comme un vent glacé.

– Où sont les prisonniers ?

Les deux hommes de la Pieuvre, qui s'affairaient près du wagonnet, restèrent comme frappés de stupeur. Dans le lourd silence qui suivit, Corinne et Dendrone retinrent leur respiration, terrifiés, hypnotisés, se sentant visibles et nus devant le roi-fantôme.

Dendrone reprit ses esprits le premier. Avant que le sorcier noir n'ait tourné son regard sur eux, il saisit Corinne et la précipita devant lui à travers la Porte, la suivant d'un bond. Et dans le dos de leur ennemi mortel, à moins d'un mètre de lui, ils joignirent leurs mains et commencèrent à réciter silencieusement le sortilège qui devait fermer le Nadir.

Ce fut comme un raz de marée qui les submergea. Ils se cramponnaient l'un à l'autre dans la tempête, peinant à aligner les mots que leurs esprits terrifiés n'arrivaient plus à retrouver. Les gargouilles s'agitèrent tout autour, prenant leur envol. Tout à coup, Corinne se souvint de sa volonté inébranlable de ne pas oublier Dendrone, et la mémoire lui revint, claire et limpide. Elle se projeta vers son ami de toutes ses forces, et ils réussirent enfin à rassembler leurs nomens ; la peur s'évanouit.

Les gargouilles fonçaient vers la Porte, le roi noir prit conscience de leur présence, et se tourna vers eux. Mais c'était trop tard, ils en étaient aux derniers mots. La Porte se referma dans un claquement, comme la gueule d'un monstrueux animal qui les aurait avalés, et tout disparut.

Le héron s'était envolé par-dessus les peupliers de l'étang des Monettes, et Corinne l'observait encore à travers les branches. Mais elle ne le regardait plus vraiment, car il lui rappelait soudain quelque chose : sans doute un rêve, qui flottait à la limite de sa mémoire. Un beau rêve, qui valait la peine de s'en souvenir. Elle était sûre d'y parvenir si elle se concentrait suffisamment et, tout en retournant vers le camion à côté de son père, elle réfléchissait en silence. Il y avait un garçon qui était son ami, un gamin roux aux cheveux ébouriffés…

Quatrième partie

Les Plaines de Gazdane

Chapitre 27

Oud'barine

PAR LES MEURTRIÈRES DU DONJON D'OUD'BARINE, ON NE pouvait voir qu'une mince tranche de paysage, le ciel gris en haut, et en bas un morceau de colline et quelques toits. Il fallait regarder successivement par les quarante fenêtres qui entouraient la salle pour faire un tour complet d'horizon. C'était ce que faisait Galmus, dès les premières lueurs de l'aube, comptant soigneusement ses ennemis qui campaient sur les hauteurs autour de la ville. Et puis il redescendait sans desserrer les dents dans sa salle de magie, où il passait ses journées à chercher un sortilège pour affronter les armes de Naghar.

Debout, bien droits au centre de la pièce, ses deux fils Madig et Sourwen l'observaient tristement. La vue de ce colosse roux courbé devant les petites fenêtres, qui faisait lentement le tour de la salle, leur évoquait un ours énorme mis en cage. Sourwen laissa mourir sur ses lèvres la question qu'il voulait poser : « Allons-nous combattre aujourd'hui ? » Il connaissait la réponse : la journée allait se traîner lentement, comme toutes les autres, à surveiller l'ennemi depuis les remparts.

Avec un soupir de découragement, les fils de Galmus quittèrent à leur tour le donjon. Ils n'en pouvaient plus de cette inaction forcée, de l'humiliation qu'ils ressentaient depuis que le siège s'était refermé sur Oud'barine. Ils étaient des guerriers, et ils aimaient par-dessus tout l'ivresse des victoires. Ils en avaient eu leur part dans les premiers temps : en dépit des armes invincibles de Naghar, les soldats de Galmus étaient les meilleurs des Terres émergées, rapides et habiles à la guerre, sachant tirer parti des forêts et des montagnes qu'ils connaissaient par cœur. Et pourtant, dans leur orgueil juvénile et la confiance absolue qu'ils avaient dans leur père, Madig et Sourwen ne s'étaient jamais rendu compte que même ces victoires, ce n'était pas à leur vaillance qu'ils les devaient. Galmus, prudent et réaliste, avait toujours évité les affrontements directs, et limité les combats à des pièges et des embuscades. Pour le roi de Naghar, ces défaites n'avaient été que des retards dans son vaste plan de conquête : il avait toujours de nouveaux soldats, de nouvelles armes, rien ne semblait pouvoir arrêter ses troupes qui déferlaient depuis Alinore en flot continu. Oud'barine se trouvait maintenant cernée par une mer d'ennemis, dont les campements sur les collines ne cessaient de s'étendre, à perte de vue. La nourriture s'était mise à manquer. Encore quelques jours, et ils mourraient tous de faim, ou succomberaient sans forces devant une nouvelle attaque.

Il pleuvait lorsque le roi traversa la grande cour du palais, une pluie sale et polluée que leur envoyait le roi noir et qui dégageait une odeur âcre qui faisait tousser. Les nuages eux-mêmes prenaient des formes monstrueuses, et le vent froid qui s'infiltrait partout gémissait

si lugubrement que le son vous glaçait le cœur. Galmus sentit soudain sous ses pieds et dans l'air autour de lui une résonance sourde, comme si la terre avait tremblé très loin de là. Le gémissement du vent se tut, tout sembla s'immobiliser un instant, puis le vent reprit avec violence, mais ce n'était plus le souffle insidieux et glacé envoyé par le roi noir, c'était un vrai vent du ciel qui balayait les nuages. Et Galmus eut soudain l'impression qu'un étau se desserrait autour de son cœur.

Il se précipita vers le donjon. Il fallait savoir ce qui venait de se passer. Tout en haut de la tour, il s'assit à même le sol froid et mouillé et partit en rêve Sen-lal.

Le roi Galmus était un grand sorcier – le plus grand sans doute après Benglar –, et en Rêve son esprit volait vite et loin. Laissant rapidement derrière lui les campements autour d'Oud'barine, où régnait un silence lourd, il fila sur Alinore, et survola toutes les terres occupées par les armées de Naghar. Partout, ce n'étaient que ruines et désolation, des villages déserts et des champs ravagés, mais ce n'était pas cela qu'il regardait à présent.

Les routes étaient désertes. Enfin, pas vraiment désertes, il y avait un peu partout des soldats immobiles, ou qui semblaient errer, désemparés. Mais aucun chariot, aucun convoi bâché chargé de caisses...

Le cœur vibrant d'un soudain espoir, Galmus repartit encore plus loin vers le nord, vers Naghar. Il voulait le voir par lui-même, mais il savait déjà ce qu'il allait trouver : la grande porte qui donnait sur le Deuxième Monde n'était plus là.

Quand Galmus revint à lui tout en haut du donjon d'Oud'barine, il souriait. Il ouvrit les yeux et découvrit en face de lui Nijanne, une des quatre cents sorcières venues combattre à leurs côtés ; elle pleurait de bonheur, et lui annonça simplement :

– Les enfants ont réussi. Le Nadir a été refermé, et les armes du Sans-Nom sont retournées dans le Deuxième Monde.

L'attaque fut lancée aussitôt, et la bataille qui eut lieu ce matin-là sous les murs d'Oud'barine fut une des plus courtes que les guerriers de la ville eussent jamais livrées. Ce fut même à peine une bataille : leurs ennemis désarmés, terrorisés, s'enfuyaient en tous sens, courant dans la forêt ou plongeant dans la rivière. La victoire fut presque aussi facile que de faire envoler une nuée de moineaux.

Mais Galmus retint ses hommes qui voulaient poursuivre les soldats de Naghar pour les exterminer tous. Sans plus s'occuper de la débandade des soldats du roi noir, il les envoya faire main basse sur tout ce qu'ils trouvaient à manger dans les tentes. Tandis que le plus gros de l'armée festoyait aussitôt dans les campements conquis, le roi et sa garde rentrèrent dans la ville avec des chariots chargés de victuailles.

La fête qui suivit dura tout le jour et toute la nuit. Partout dans la ville on respirait la délicieuse odeur des viandes rôties, des tables étaient dressées dans les rues, débordant de pain, de fruits et de toutes sortes de nourriture ; cela dans un vacarme de chants et de rires, avec le bruit joyeux des tonneaux de bière et de vin roulés sur les pavés pour remplacer ceux qu'on avait déjà vidés en arrosant abondamment le festin de la victoire.

Dans le donjon du palais, rassasiés mais moins éméchés que la plupart des habitants d'Oud'barine, le roi Galmus et ses fils tenaient conseil avec leurs généraux et une délégation des sorcières avec qui ils avaient fait alliance.

De l'avis général, il ne fallait pas laisser au roi noir le temps de se remettre du coup terrible qui venait de lui être porté ; il fallait repartir tout de suite à l'attaque, et reconquérir Alinore. Il fut décidé que le départ aurait lieu dès le lendemain. Les sorcières allaient lancer un appel sur toutes les Terres émergées pour qu'un maximum d'entre elles se joignent à l'armée de Galmus ; des émissaires seraient envoyés au roi Charles de Presfile pour obtenir son soutien. Ainsi, on pouvait espérer avec une quasi-certitude anéantir enfin Naghar.

Chapitre 28

Retour à Quirix

Les murs luisants de la grotte scintillaient de mille étoiles à la lueur des torches, et on ne pouvait pas se parler tant le fracas des vagues toutes proches était assourdissant ; si bien que Karmig dut hurler pour se faire entendre lorsque Dendrone, Corinne, Seleldiwar et les trois licornes eurent disparu à travers le voile frémissant de la porte Nadir :

– Attendez ! Ne bougez pas, il faut attendre qu'ils reviennent.

Zahir éberlué regardait tout le monde en cherchant à comprendre. C'était de la folie ! Ils n'allaient quand même pas rester là, entassés dans cette grotte battue par les vagues, à attendre le retour des voyageurs ! Il se tourna vers Deneb dans l'espoir d'une explication, mais elle le fit taire d'un geste, le doigt pointé avec insistance vers le centre maintenant vide de la grotte.

Et tandis qu'il scrutait les rochers humides et l'air qui tremblait dans la porte, essayant de deviner ce que Deneb voulait qu'il regarde, Dendrone, Seleldiwar et les licornes Rmys et Nelfine apparurent soudain sous ses yeux comme venus de nulle part. Karmig lança un sonore

youyou repris aussitôt par Fériane et toutes les sorcières, et une acclamation emplit la grotte :

– Ils ont réussi ! Ils ont réussi !

Dendrone clignait des yeux d'un air abasourdi, et Seleldiwar semblait sous l'effet d'un choc. Les deux licornes tournaient sur elles-mêmes d'un air inquiet, semblant chercher leur amie. Les acclamations s'éteignirent alors peu à peu, tandis qu'un nouveau cri jaillissait de plusieurs voix :

– Il manque Souhor !

La licorne n'était pas revenue. Corinne non plus, mais ça, lui expliqua Deneb en lui criant dans l'oreille, c'était normal. La fermeture du Nadir ramenait chacun à son point de départ, à l'instant de ce départ ; les jours passés de l'autre côté se trouvaient gommés. La fillette était de nouveau dans son monde, avec son père. Souhor, elle, aurait dû être là. Il n'y avait qu'une explication à son absence : elle avait été tuée là-bas, dans le Deuxième Monde.

Tant d'épreuves et d'angoisse, et tout cela avait disparu comme un rêve, en un instant ! C'était si saisissant que Zahir courut vers Dendrone et le serra dans ses bras. Le garçon fondit en larmes sur son épaule.

Le retour vers l'école se fit dans un désordre total. Zahir avait aussitôt emporté Dendrone au-dehors, pour pouvoir lui parler loin du fracas des vagues, et tout le monde avait suivi en se bousculant autour des trois autres.

Dendrone ne se souvenait de rien. Il croyait s'être simplement avancé vers la porte Nadir, et puis tout le monde avait crié et s'était jeté sur eux. Mais il ressentait une déchirure violente de l'absence de Corinne, et il avait l'impression d'avoir été brutalement coupé en deux. C'est tout ce qu'il parvint à expliquer à Zahir, bien qu'en réalité il y eût d'autres choses qui flottaient dans son esprit, comme au réveil d'un rêve : une sensation de bonheur perdu, un souvenir de brouillard blanc, et le sentiment impérieux de quelque chose qu'il ne devait pas oublier…

Personne ne put raconter ce qui s'était passé dans le Deuxième Monde. Comme Dendrone, Seleldiwar et les licornes avaient eu l'impression de ne pas être partis et de ne pas avoir passé la porte. Et même s'ils admettaient les explications qu'on leur avait données, cela leur laissait un sentiment pénible d'irréalité, que l'absence de Corinne et de Souhor contredisait si brutalement qu'ils en ressentaient à chaque fois un choc.

L'ambiance même de Quirix semblait floue et indécise. Les voyageurs avaient réussi leur mission   il aurait été plus juste de dire qu'ils allaient réussir. D'une certaine façon, ils étaient tout à la fois ici, de retour à Quirix, et dans le Deuxième Monde, sur le chemin de Narbourg. Le Nadir allait être refermé, c'était sûr, puisqu'ils avaient été renvoyés à leur point de départ. Mais quand cela se produirait-il ? Arriveraient-ils à temps, les voyageurs de l'autre côté, pour sauver Galmus ?

Zahir ne lâchait pas Dendrone d'une semelle. Il lui fit la promesse solennelle que, dès que le roi-fantôme serait abattu, il ferait tout son possible pour rouvrir le Nadir et lui permettre de revoir Corinne. Dendrone lui sourit et parut rasséréné. Il avait une telle confiance qu'il ne doutait pas une seconde que Zahir parvienne à tenir sa promesse.

Au matin du troisième jour après le retour des voyageurs, on entendit un sourd grondement venant de la montagne, et un vent violent souleva le sable de la plage. Karmig annonça en riant :

– C'est fait ! le Nadir est refermé maintenant ! Oud'barine est sauvée !

La matinée se passa dans un bruissement d'ailes, au milieu de nuées de mouettes que Seleldiwar appelait de toutes parts pour les envoyer en reconnaissance partout au-dessus des Terres émergées, afin d'observer ce qui se passait dans les armées du Sans-Nom. Le ciel était limpide, et le soleil clair et froid de ce début d'automne semblait briller plus fort que jamais. Les sorcières étaient toutes parties en Rêve à leur Grand Conseil, et les fillettes, libérées de leur travail, couraient et jouaient en s'interpellant avec des cris joyeux. Le mal semblait chassé du monde.

Karmig, Fériane et les autres sorcières revinrent du Grand Conseil avec des nouvelles qui soulevèrent l'enthousiasme général : tout le monde allait partir pour Oud'barine, afin de se joindre à l'armée de Galmus pour la grande attaque finale contre Alinore et Naghar. Il avait été décidé de rassembler toutes les forces afin d'écraser une bonne fois pour toutes le roi des morts avant qu'il n'ait eu le temps de se ressaisir.

En entendant parler d'Oud'barine, Zahir eut le sentiment que le ciel lui tombait sur la tête. Il ne pouvait pas y aller, lui. Il avait été banni, et la sentence de mort prononcée par Galmus s'appliquerait s'il retournait dans son royaume. Il chercha des yeux Fériane. Elle le regardait d'un air grave, et lui fit signe de la suivre à l'écart pour lui parler.

– J'ai demandé à Karmig d'intercéder en ta faveur pour obtenir la grâce du roi Galmus. Mais elle dit que

c'est impossible, qu'il ne revient jamais sur sa parole. Elle a décidé de t'envoyer dans sa famille, à Carnog… Je suis désolé, Zahir. Mais il n'y a rien d'autre à faire.

Fériane hocha la tête avec tristesse, et s'éloigna lentement. Zahir restait pétrifié. Allait-il donc être écarté du triomphe ?

Il ne prit conscience de la présence de Deneb que lorsqu'elle lui toucha timidement l'épaule.

– J'ai tout entendu, Zahir. Je m'en excuse, mais j'étais juste à côté de la porte. Je ne sais pas pourquoi tu as été banni d'Oud'barine, et je ne te le demande pas. Mais ce que je sais, c'est que c'est injuste de te laisser ici après tout ce que tu as fait. Je vais t'aider à venir, tu peux compter sur moi.

Zahir était si ému qu'il ne trouva rien à répondre, mais il rougit tellement que Deneb se mit à rire et lui fit un rapide baiser sur la joue, ce qui n'arrangea pas son trouble. La jeune fille avait repris un air grave. Les sourcils froncés, elle réfléchissait en murmurant parfois quelques mots et en recensant sur ses doigts les amis sur lesquels elle pouvait compter.

– … Houroule… non, elle est trop timide… Éliade est à Oud'barine… Derrim ! Je sais, Zahir, nous allons demander l'aide de Derrim. Elle t'aime bien, elle sera d'accord pour nous porter tous les deux. Tu utiliseras de la poudre Pani, et on restera à l'écart des autres pour qu'ils ne remarquent rien. Ça va marcher, Zahir, je m'occupe de tout. Toi, fais semblant de partir pour Carnog, et attends-moi près des rochers de la pointe.

Après un dernier baiser sur la joue de Zahir tétanisé, Deneb repartit en courant.

Dendrone dut être mis dans la confidence, car il menaçait de refuser de partir pour accompagner son ami à Carnog. Pourtant, il était l'un des invités du roi Galmus, qui tenait à accorder les plus grands honneurs aux voyageurs du Deuxième Monde après leur exploit.

En y appliquant tous ses efforts, le garçon était parvenu à retrouver dans sa mémoire quelques bribes de ce qui s'était passé : la mort de Souhor, la vieille usine, et surtout la longue marche avec Corinne dans le froid et la nuit. Et il se rappelait très nettement, quoiqu'il évitât d'y penser, la haute silhouette noire enveloppée d'un manteau qui s'était dessinée dans la Porte de Naghar, et la voix cruelle qui lui avait glacé le cœur, là-bas et dans l'usine. Ce qui l'effrayait le plus, c'était que le roi-spectre l'ait reconnu. Comment avait-il pu se faire un ennemi pareil, lui, le petit paysan de Monate ? Il n'était pas de taille à l'affronter. Il lui fallait toute la confiance qu'il avait en ses amis pour accepter de les accompagner. Il aurait vraiment préféré Carnog…

Le départ eut lieu en fin d'après-midi. Une trentaine de licornes emportaient Karmig, Fériane, Dendrone et Seleldiwar, et, parmi les autres sorcières, Deneb et Zahir invisible accroché à son dos. Derrim veillait à fermer la marche, pour empêcher qu'on remarque que la robe de Deneb ne claquait pas au vent derrière elle comme elle l'aurait dû.

Chapitre 29

Le roi Charles

À Presfile comme à Oud'barine, on avait ressenti la fermeture du Nadir, et le roi Charles avait aussitôt balayé les ennemis qui menaçaient la ville. Celle-ci avait moins souffert de l'attaque de Naghar que la cité de Galmus, car elle était bâtie sur une sorte de presqu'île à l'embouchure de la Nora. Le roi-fantôme n'avait pas de bateaux, ni aucune force navale, et Charles commandait l'océan.

La contre-attaque du roi Charles fut féroce. Son armée pourchassa impitoyablement ses ennemis désarmés, les traquant dans la montagne, abattant les fuyards d'une flèche dans le dos. Au soir du deuxième jour, ils avaient atteint les marais de Guerguennore, où les derniers survivants des forces de Naghar se terraient dans les creux emplis de brume.

Alors que les hommes de Presfile s'affairaient à installer leur campement, un cavalier apparut brusquement on ne savait d'où, plus noir encore que le ciel sombre. Les archers avaient déjà bandé leurs arcs, mais ils ne lancèrent pas leurs flèches car, tandis qu'il s'approchait, ils reconnurent qu'il portait sur sa poitrine le ruban vert des émissaires et qu'il apportait un message.

Il s'avança juste assez pour leur lancer un rouleau de parchemin, sans qu'ils puissent distinguer son visage, puis il fit volte-face et s'éloigna au triple galop.

Le message fut aussitôt remis au roi Charles ; il provenait du roi de Naghar, et c'était une offre de reddition.

Le sorcier-fantôme reconnaissait sa défaite, et demandait au roi Charles la permission de le rencontrer pour faire acte de soumission et déposer devant lui sa couronne ; il viendrait seul, et proposait en gage de sa parole de rencontrer le roi sur une île au large de Presfile, là où la magie du roi serait la plus forte. Un corbeau viendrait au matin chercher la réponse.

Le roi Charles n'était pas stupide, et il réfléchit longtemps avant de prendre une décision, cherchant où pouvait se cacher le piège. Mais son orgueil était tel qu'il finit par se convaincre qu'il avait réellement remporté la guerre, et la perspective de voir un ennemi si puissant se prosterner devant lui flattait tellement sa vanité qu'il ne put y résister. Il accepta l'offre de Naghar, et fit demi-tour avec son armée pour organiser la rencontre, qui devait avoir lieu le lendemain matin sur l'île de Norath.

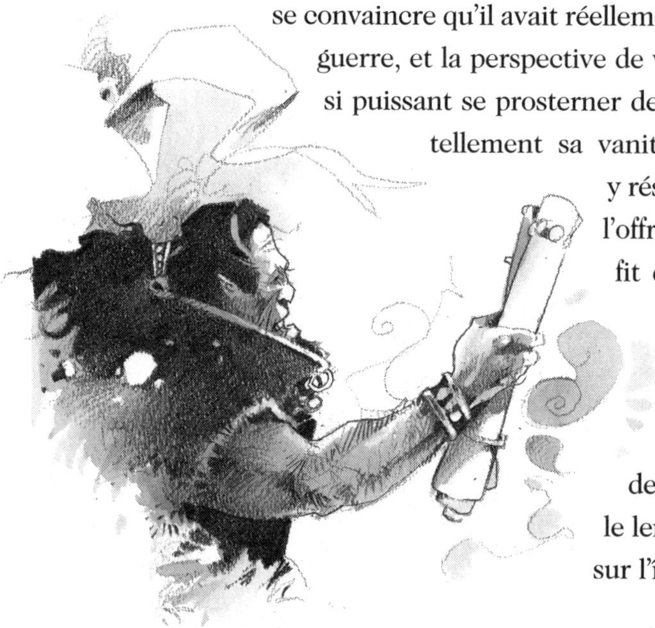

À leur retour à Presfile, ils furent informés que des émissaires de Galmus étaient arrivés la veille, mais Charles, prétextant la fatigue, refusa de les rencontrer. Il brûlait d'envie de jeter son triomphe à la figure de son rival, ce sorcier parvenu qui régnait sur un peuple de barbares ; mais il fallait que la victoire soit totale et qu'il puisse leur montrer la couronne de Naghar remise entre ses mains. Alors seulement, Galmus serait bien obligé de le reconnaître comme son maître, et de s'incliner à son tour devant lui.

Le lendemain, le ciel était bas et lourd lorsque le roi Charles et toute son escorte s'embarquèrent pour rejoindre Norath. L'île était petite, mais son port, sur la côte ouest, abritait toute la flotte de guerre de Presfile, et de l'autre côté, à l'est, un fort aux murailles épaisses avait été bâti pour loger les marins. Il dominait l'océan du haut d'un énorme rocher. C'est là qu'une grande salle basse et sombre avait été aménagée à la hâte, avec des tapis et des torches, pour accueillir la cérémonie d'allégeance, au cours de laquelle le roi de Naghar deviendrait le vassal du roi de Presfile. La pièce avait plutôt belle allure mais, malgré le feu qui ronflait dans la cheminée, elle restait froide comme un tombeau.

Charles passa un long moment à vérifier les sortilèges qui protégeaient l'île, en ajoutant d'autres encore, et soulevant les vagues en tempête pour interdire l'accès du port à tout bateau. Une cinquantaine de sorciers du royaume avaient été amenés à Norath, et ils se tenaient debout le long des murs de la salle, afin d'assurer la protection de leur seigneur. Mais même ainsi, malgré l'euphorie qui emplissait son cœur gonflé d'orgueil, le roi ne pouvait empêcher l'inquiétude de le ronger sournoisement, comme si une petite part de son esprit, épargnée par sa folie des grandeurs, s'obstinait à l'avertir d'un piège.

Comme l'heure fixée pour la rencontre approchait, Charles revêtit ses riches vêtements de cérémonie, et s'assit sur le trône qui avait été installé pour lui. Il se demandait vaguement comment son ennemi allait arriver.

Il n'eut pas longtemps à attendre. Soudain, le roi-fantôme apparut devant lui, haute silhouette noire au visage caché dans l'ombre de son manteau. Il portait la splendide couronne d'or et de diamants de Naghar. Le silence qui s'établit fut tel que Charles crut un instant que même les battements de son cœur avaient cessé. Le froid qui gagna l'assistance mordait jusqu'aux os.

Sans un mot, indifférent à la terreur qui se lisait sur les visages, le spectre s'inclina profondément devant Charles et, ôtant la couronne de sa tête, il la déposa à ses pieds en récitant d'une voix froide et neutre les paroles rituelles d'allégeance. Charles parvint à lui donner d'une voix pâle la réponse qui faisait de lui son vassal, mais il tremblait de frustration : ce n'était pas du tout le triomphe qu'il avait imaginé. Bien sûr, son ennemi s'était incliné devant lui, mais en ne manifestant ni humiliation, ni peur, ni d'ailleurs aucune sorte de sentiment ; et sa présence terrifiante dominait tellement les esprits qu'il était de fait le vrai maître de la cérémonie.

Tandis que Charles, furieux et crispé, restait figé sans ajouter un mot, le roi des morts se releva lentement, et, d'un geste presque imperceptible, il fit apparaître

devant lui une coupe qu'il offrit cérémonieusement à Charles en expliquant d'une voix toujours aussi dépourvue de tonalité :

– Sire, j'ai apporté ce présent en gage de fidélité. C'est une coupe dans laquelle vous pouvez voir vos ennemis, quels qu'ils soient et où qu'ils se trouvent ; essayez-la, regardez dans la coupe.

Comme Charles laissait échapper un sursaut de méfiance, le roi de Naghar eut un rire bref.

– Il n'y a rien à craindre, Sire. Ne vous ai-je pas à l'instant même juré loyauté et fidélité ? Regardez dans la coupe.

Presque malgré lui, Charles abaissa son regard. La surface du liquide se troubla légèrement, puis il vit apparaître un paysage de collines boisées, au creux desquelles s'avançait une longue file de personnes. Il reconnut les grands guerriers blonds aux cheveux nattés d'Oud'barine ; ils étaient accompagnés de paysans, des femmes en robes grises ou brunes et des hommes armés de piques et de fourches… Il se demanda ce que faisaient ces gens du peuple avec l'armée de Galmus, et puis il comprit : les femmes étaient des sorcières. Le barbare avait trahi sa caste, il s'était allié avec elles ! Comme il pensait avec colère au roi Galmus, l'image se déplaça docilement, et il le vit chevauchant avec ses fils en tête de l'armée, en compagnie d'une vieille femme montée sur une licorne, ainsi que d'un vieil homme et d'un garçon. Et tandis que la vue se rapprochait encore, il reconnut Dendrone et Seleldiwar. C'était donc Galmus qui lui avait volé les deux enfants… et Seleldiwar ! Charles poussa un rugissement de rage. Il avait toujours considéré le vieux maître d'école avec mépris, mais il avait le sentiment qu'il lui appartenait en bien propre. Galmus allait-il donc lui voler tout ce qu'il possédait ? Il releva les yeux vers le spectre debout devant lui, et déclara d'une voix qui ne tremblait plus :

– Merci pour ce cadeau, mon vassal. Et tu as bien parlé quand tu as dit qu'il me révélerait mes ennemis, quels qu'ils soient. Mais il y a autre chose que je désire maintenant.

– Parlez, Sire, et je vous obéirai dans la mesure de mes pouvoirs.

– Je veux la tête de Galmus.

Le roi des morts eut un rire silencieux, et le sourire cruel qui déforma son visage aurait fait comprendre au roi Charles le double sens de ses paroles, s'il avait pu le voir. Mais le fantôme restait caché dans l'ombre.

– Sire, cela est facile à obtenir, et vous n'avez pas besoin de mon aide. Il vous suffit d'accepter l'alliance que vous proposent ses émissaires, et de marcher avec lui sur Alinore. Quand vous le rejoindrez, qui vous empêchera d'obtenir ce que vous désirez ?

Charles éclata d'un rire dément.

– Tu es le meilleur conseiller que j'aie jamais eu, baron de Naghar, et je te nomme grand chancelier de Presfile. Je t'appellerai pour célébrer notre victoire !

Le spectre avait imperceptiblement sursauté au mot baron, et laissé échapper un léger sifflement de haine. Mais il se reprit aussitôt. C'était un être froid et sans âme, qui savait attendre l'heure de la vengeance. Il s'inclina lentement, répondant tranquillement d'une voix égale :

– Comme il vous plaira, Sire.

Puis il disparut.

Chapitre 30

Chevauchée vers Alinore

La petite troupe arrivant de Quirix avait été accueillie avec tous les honneurs par le roi Galmus. L'armée était déjà en campagne, mais un festin fut organisé aussitôt sur des tables dressées en plein air, et Dendrone, à sa grande confusion mais aussi à son grand plaisir, fut installé à la droite du roi, tandis que Seleldiwar était assis à sa gauche. Rmys et Nelfine – qui bien sûr ne participaient pas au repas – se tenaient debout de part et d'autre de la table, et prenaient part aux conversations ; Galmus se fit raconter tout ce dont ils pouvaient se souvenir de l'expédition dans le Deuxième Monde. Mais les festivités furent courtes, car la guerre attendait, et on se remit bientôt en marche pour la dernière étape avant le coucher du soleil.

Deneb, qui tentait de se tenir à l'écart pour rester avec Zahir, avait été appelée à grands cris par les fils du roi, Madig et Sourwen, qui avaient remarqué sa beauté. Elle leur avait manifesté tant de froideur qu'ils avaient fini par la laisser tranquille – au grand soulagement de Zahir, qui les observait de loin. Mais elle était inquiète en retrouvant son ami.

– J'aurais voulu passer inaperçue, Zahir. Mais maintenant, j'ai peur qu'ils finissent par remarquer quelque chose s'ils regardent trop souvent de notre côté. Il faut changer nos plans.

Ils restèrent un moment silencieux, plongés dans leurs réflexions. Puis Deneb serra timidement la main de Zahir, posée sur la sienne.

– J'ai bien une idée, mais je ne sais pas si elle va te plaire…

– Dis toujours ! Je ne suis pas si difficile…

– Ce serait de te déguiser en sorcière. Tu comprends, il y a tellement de monde ici que personne ne ferait attention à toi, et tu pourrais aller partout à visage découvert…

Heureusement pour Zahir qu'il était invisible, car il se sentait rouge comme un coquelicot.

– Tu veux que je me déguise en femme ! Mais enfin, Deneb, c'est de la folie, c'est impossible, tout le monde verra bien que je suis un garçon !

Deneb eut un rire léger.

– Ça, je ne le pense pas. Tu es plutôt mignon, tu sais, et puis tu n'as même pas de barbe à raser, seulement une ombre de moustache… Je te promets que je peux faire de toi une fille tout à fait acceptable.

Zahir se sentait toujours les joues en feu, et il se demandait s'il devait être flatté ou vexé des commentaires de Deneb sur sa personne ; mais il ne trouva rien à répondre.

Si bien que le soir au campement, au moment où la poudre Pani allait cesser son effet, Deneb emmena Zahir dans l'obscurité de la forêt, et lui fit enfiler une robe grise de grosse serge. Elle le coiffa d'un fichu bien serré et, à la lueur d'une lanterne qu'elle avait apportée, elle lui épila soigneusement les quelques poils qui ombraient ses lèvres. Puis elle se recula de quelques pas pour contempler le résultat.

Elle réussit à s'empêcher de rire.

– Tu es parfait. On ne peut pas te reconnaître. Si tu n'étais pas si raide et crispée, tu serais presque jolie…

Et comme Zahir lui jetait un regard noir, elle ajouta malicieusement :

– … mais ne t'en fais pas, tu n'es pas assez belle pour que Madig et Sourwen te fassent la cour !

À ce souvenir douloureux, Zahir oublia tout à coup l'humiliation de se montrer ainsi vêtu, et il fut submergé par une vague d'amour et de détresse.

– En tout cas, Deneb, promets-moi…

Elle le fit taire d'un doigt posé sur sa bouche, et répondit gravement :

– Ne t'inquiète pas, Zahir. C'est toi que j'aime.

Il eut la sensation que son cœur explosait de bonheur.

La matinée qui suivit fut un moment délicat. Deneb l'avait rebaptisé Sahrya, et l'avait présenté à tout le monde comme une amie d'enfance qu'elle venait de retrouver. Elle répondait aux questions à sa place, sous le prétexte que Sahrya était très timide. Tout s'était passé sans accroc. Personne ne l'avait reconnu, même pas Karmig – il faut dire que la vieille femme était trop préoccupée par les douleurs que lui causait cette longue chevauchée pour lui accorder beaucoup d'attention. Seul Dendrone avait les yeux si pétillants de rire quand il le regardait que Zahir aurait voulu l'attraper et le secouer comme un vieux sac pour lui inculquer davantage de respect.

En tout cas, Deneb et lui purent reprendre la route ensemble sur le dos de Derrim, un peu à l'écart des autres, comme de vieilles amies qui se retrouvent et ont beaucoup de choses à se dire. Et même si Madig et Sourwen s'approchaient trop souvent au goût de Zahir, la journée se passa sans autre problème.

Elle fut suivie de quatre longs jours de voyage. L'armée tout entière avançait au rythme des soldats à pied mais, pour ne pas perdre de temps, Galmus faisait démarrer ses troupes longtemps avant l'aube déjà plus tardive de ce début d'automne, et ils continuaient bien après la tombée de la nuit, suivant dans un demi-sommeil la lueur des torches.

Des paysans se joignaient sans cesse à eux, sortant des bois où ils se cachaient pour se battre enfin contre celui qui avait détruit leurs villages. Au soir du premier jour, les émissaires envoyés à Presfile étaient revenus triomphants, avec la nouvelle de l'alliance du roi Charles. Tous croyaient maintenant fermement à la victoire.

Dans l'après-midi du cinquième jour, ils s'arrêtèrent dans un vallon large et nu, couvert d'herbe jaune. C'était le dernier creux abrité avant Alinore, et c'est là que les armées de Presfile devaient les rejoindre. Des guetteurs furent postés sur toutes les hauteurs environnantes, et tandis qu'on dressait le campement, le roi Galmus fit le tour des tentes pour inspecter une dernière fois ses troupes.

Zahir fut pris de court, quand il se retrouva soudain face à face avec le roi. Il lut dans son regard qu'il l'avait reconnu, et se précipita aussitôt pour rejoindre Deneb.

– C'est fini, lui dit-il d'une voix blanche. Il m'a vu, il faut que je parte. Je ne pourrais pas supporter d'être arrêté ici, parmi tous mes amis. Et s'il décidait d'appliquer la sentence de mort ?

Même si cette éventualité lui semblait totalement irréelle, il tremblait d'énervement. Deneb était pâle elle aussi, mais elle essaya tant bien que mal de le calmer :

– Attends, ne t'emballe pas. Il ne va rien te faire ici au milieu de nous tous, cela provoquerait une émeute. Et puis c'est un homme juste et bon. Pourquoi s'acharnerait-il contre toi ? Il n'a rien dit, c'est peut-être qu'il a choisi de t'ignorer, et d'oublier qu'il t'a vu ?

Zahir tournait comme un ours en cage.

– Mais tu imagines ce qu'il a dû penser en me voyant habillé comme une fille ? S'il en parle à Madig et Sourwen, je suis perdu, je serai la risée de l'armée tout entière.

Il arracha rageusement son foulard.

– Je veux remettre mes vrais vêtements. Qu'on m'arrête ou non, que je reste ou que je parte, je ne me cacherai plus comme un voleur ou un espion. J'ai ma fierté, Deneb ; si je dois mourir, je veux être moi-même.

En le voyant si exalté, elle renonça à le contredire.

– D'accord, soupira-t-elle. Le mieux à faire alors, c'est de tout avouer à Karmig. C'est sans doute ce qu'on aurait dû faire depuis le début. Assieds-toi et calme-toi, je vais la chercher.

Deneb avait à peine disparu que Sourwen arrivait.

Zahir sauta sur ses pieds d'un seul bond, et tendit la main vers une fourche appuyée près de lui contre un arbre. Mais Sourwen, un sourire railleur sur les lèvres, leva tranquillement la main en signe de paix.

– Allons, du calme ! J'apporte seulement un message de mon père.

Il s'assit en face de Zahir, posant sur le sol un lourd paquet.

– Heureusement qu'il m'avait décrit ton allure, ajouta-t-il en riant franchement sans se soucier de l'air furieux du garçon, sinon, je ne t'aurais jamais retrouvé. Enfin, voilà le contenu du message. J'espère que tu comprendras parce que, pour moi, cela n'a pas beaucoup de sens.

« Il te fait dire que c'est peut-être lui qui se trompait finalement. Il n'est plus très sûr de savoir où est la vérité, maintenant que les femmes et les enfants l'ont dépassé en force. Il ajoute que nous ne sommes plus sur ses terres : la loi d'Oud'barine ne s'applique pas ici. Enfin il te fait remettre ceci, dit-il en désignant le paquet. C'est l'équipement qu'on t'avait donné quand tu habitais au palais.

« Voilà. Pour moi, je veux te dire que tu es vraiment très comique habillé en fille, mais que je respecte ton courage. Accepter de porter ces vêtements juste pour pouvoir combattre, c'est plus que je ne ferai jamais, ajouta-t-il avec un nouveau rire. Je suis heureux que tu sois à nouveau parmi nous.

Quand Deneb revint peu après avec Karmig, Zahir était équipé de pied en cap en guerrier d'Oud'barine, et il rayonnait. Karmig, qui ne semblait pas très surprise de le voir, grommela sévèrement quelque chose sur la stupidité de déranger les gens lorsque les problèmes étaient déjà réglés, et repartit aussitôt. Zahir tenta d'expliquer à Deneb ce qui s'était passé, mais il était si excité qu'elle ne comprit pas grand-chose à ce qu'il lui disait.

Ce fut à ce moment que l'armée du roi Charles s'abattit sur eux. Ils entendirent les guetteurs au loin qui hurlaient « Trahison ! » et une pluie de flèches tomba sur les tentes, tandis que les cavaliers de Presfile chargeaient au galop. Dans la confusion totale qui suivit, beaucoup de soldats de Galmus furent tués avant même d'avoir pu ramasser leurs armes. Les attaquants s'acharnaient sur les sorcières avec une haine farouche, comme s'ils exterminaient des démons. Zahir courait comme un fou dans ce cauchemar, donnant de grands coups d'épée, cherchant à retrouver Deneb et Dendrone. Il vit tuer Fériane sous ses yeux, sans qu'il puisse rien faire, et hurla de douleur.

Au centre du campement, Galmus et ses fils avaient réussi à reconstituer un solide noyau de résistance qui tenait bon dans le déferlement ennemi. Les corps s'amoncelaient autour des farouches guerriers d'Oud'barine. C'était vers le roi que convergeaient les flèches et les coups d'épée, car Charles avait promis une récompense de trois mille écus pour celui qui lui rapporterait sa tête ;

et Galmus était facile à repérer avec sa stature de géant, toujours au plus fort de la bataille.

Finalement une flèche lui transperça le cou, et il s'effondra au milieu de ses ennemis. Mais ceux-ci n'eurent pas sa tête, car Madig, Sourwen et tous les guerriers avec eux se précipitèrent avec une rage furieuse pour protéger son corps. Leur attaque fut si violente qu'ils parvinrent même à repousser leurs ennemis hors des limites du campement. Pourtant, Madig avait compris que tout était perdu et, hurlant pour se faire entendre au-dessus du vacarme, il rappela à lui tous les survivants pour organiser la retraite.

Zahir, malgré tous ses efforts pour tenir pied à pied, avait été repoussé loin vers le sud. Aux appels de Madig, la vague des assaillants reflua elle aussi, et il put tant bien que mal revenir en contournant les lignes ennemies. Il trouva Dendrone hébété, le visage couvert de larmes, agenouillé près du corps de Galmus. Seleldiwar se tenait près de lui. Deneb arriva peu après, portant dans ses bras Karmig blessée ; elles s'étaient défendues avec des sortilèges de feu, si bien que leurs cheveux et leurs sourcils étaient roussis et leurs robes constellées de brûlures. Karmig avait une flèche fichée dans son côté droit, et Deneb une large entaille au-dessus de l'oreille qui avait taché de sang séché la moitié de son visage.

Mais ils n'avaient pas le temps de soigner les blessés que les survivants rapportaient de toutes parts. Les plus faibles furent chargés sur le dos des licornes et des quelques chevaux qui ne s'étaient pas enfuis, ceux qui pouvaient encore marcher s'appuyèrent aux encolures, et Madig réorganisa les hommes valides autour d'eux pour les protéger pendant la retraite.

La formidable armée de dix mille hommes qui avait quitté Oud'barine, grossie encore par les paysans qui l'avaient rejointe, était réduite à moins de sa moitié. Mais ses soldats étaient toujours les meilleurs guerriers des Terres émergées. Quand Madig les eut enfin rassemblés, reconstituant strictement les rangs de bataille, ils formèrent un bloc compact et solide, d'aspect si farouche que les soldats de Presfile reculèrent. Profitant de ce moment de répit, Madig hurla : « À Gazdane ! » et la troupe s'ébranla vers l'est.

Chapitre 31

Gazdane

La retraite vers Gazdane fut longue et épuisante. Sans l'opiniâtreté de Madig, qui maintenait sans relâche un ordre de marche impeccable pour présenter toujours un front serré et sans faille de tous côtés, les cavaliers de Presfile les auraient anéantis avant l'aube. Ils les harcelaient sans cesse de toutes parts, attaquant et reculant aussitôt pour attaquer sur un autre flanc ; mais tout homme qui tombait était aussitôt remplacé, et ils parvinrent à progresser lentement, mais inexorablement vers l'est. Dans la matinée du lendemain, ils atteignaient la Nora et, profitant de la rivière qui leur offrait une relative protection sur un côté, ils firent une halte.

Ils avaient perdu encore beaucoup d'entre eux, sous les coups des cavaliers, ou tués par des flèches. Et certains des blessés n'avaient pas survécu ; Karmig en faisait partie. Les corps des morts, ainsi que celui du roi Galmus qu'ils avaient emporté avec eux, furent livrés aux flots rapides et bouillonnants de la rivière pour éviter que leurs ennemis ne s'en emparent.

Il leur fallait de l'aide. Sourwen s'étant porté volontaire, il enfourcha le dos de Rmys, et ils réussirent une échappée audacieuse au grand galop vers le sud afin d'aller chercher des renforts à Gazdane.

Les plaines devant eux s'étendaient à l'infini en larges ondulations d'herbes hautes, d'un gris d'argent depuis les premières gelées – il n'y avait ni automne ni printemps à Gazdane, où un hiver précoce succédait en quelques jours à un été brûlant. Ici vivaient les Yeddis, un peuple de cavaliers nomades bruns et trapus, farouchement attachés à leur liberté. S'ils avaient accepté un suzerain – autrefois Raoul d'Alinore, puis Galmus –, c'était seulement pour arrêter les guerres de clans qui les déchiraient sans cesse, car leur code d'honneur était si compliqué qu'ils avaient toujours un affront à venger. Ils n'attendaient pourtant rien d'autre du roi que de faire régner la paix, et ils étaient restés libres et indépendants sous leurs propres lois. Eux aussi combattaient Naghar. Cavaliers insaisissables qui tuaient et disparaissaient, ils étaient parvenus à interdire l'accès de leurs plaines aux soldats du Sans-Nom. Mais ils étaient indifférents au sort du monde au-delà de leurs terres.

Madig était leur roi maintenant que Galmus était mort. Il avait confié à Sourwen le sceau d'Oud'barine, et les cavaliers de Gazdane étaient fidèles à la parole donnée. En quelques heures, plus de cinq cents hommes furent rassemblés pour voler au secours de leur roi.

Ils arrivèrent juste à temps.

Épuisés, affamés, les guerriers d'Oud'barine ne repoussaient plus qu'à grand-peine les assauts de leurs ennemis. Ils s'étaient réfugiés à la tombée de la nuit dans une boucle du fleuve pour prendre à nouveau un peu de répit, mais ils s'étaient trouvés pris au piège, incapables au matin de briser le mur de soldats ennemis qui s'était reformé devant eux. Ils étaient prisonniers de ce morceau de grève nue et d'herbes mortes, et ils n'avaient plus guère d'espoir.

L'attaque des cavaliers enfonça à revers le front ennemi comme un boulet de canon. En quelques minutes, ils avaient dispersé les soldats de Presfile et, avec les cavaliers de Madig, ils les pourchassèrent sans relâche jusqu'au soir, jusqu'à ce qu'ils soient certains que plus un seul ennemi ne foulait l'herbe de Gazdane. Les Yeddis emmenèrent alors les rescapés d'Oud'barine loin à l'intérieur des plaines, jusqu'à leurs campements.

Durant les jours qui suivirent, dans la sécurité des larges tentes de feutre noir, tandis qu'on soignait les

blessés et qu'on pleurait les morts, Madig rassembla tous les chefs de clan pour reconstruire une armée et repartir à la bataille.

Zahir et Deneb étaient sous le choc de la catastrophe, mais vivants. Les brûlures de la jeune fille guérissaient sans complication ainsi que son entaille à la tête ; elle avait remplacé sa robe brûlée par une tunique et un pantalon brodés à la mode des Yeddis, et elle était plus belle que jamais, sauf qu'elle ne souriait presque plus. Le garçon, qui avait pourtant vaillamment combattu, était resté miraculeusement indemne de toute blessure ; il se demandait souvent si l'armure offerte par Galmus ne bénéficiait pas d'un charme de protection.

Seleldiwar, vaincu par l'épuisement, gisait couché depuis leur arrivée sans reprendre connaissance. Le guérisseur de la tribu assurait pourtant qu'il n'allait pas mourir, mais il était vieux et frêle, et mis à dure épreuve depuis trop longtemps ; il lui faudrait de longs mois pour reprendre des forces.

C'était presque Dendrone qui inquiétait le plus Zahir. Le garçon, protégé tout au long des combats par les guerriers d'Oud'barine, n'avait pourtant subi aucune blessure. Mais il restait pâle et hagard, comme absent, comme si ce nouveau coup du sort, après la déchirure de sa séparation d'avec Corinne, avait tué en lui jusqu'à la moindre étincelle de vitalité. Il fallut toute la sollicitude de Zahir et de Deneb, qui ne le quittaient pas, pour finir par lui arracher un sourire, suivi aussitôt d'un torrent de larmes.

– Oh ! Zahir ! Tout est perdu, maintenant que Galmus est mort. Pourquoi ? Pourquoi est-ce que le destin s'est retourné contre nous, pourquoi est-ce que le roi Charles nous a trahis ?

Il pleura longtemps, et Zahir le serrait dans ses bras sans savoir que répondre. Mais il finit par se calmer et redevenir lui-même, sauf qu'il semblait désormais empli d'une détermination farouche.

Dendrone et Deneb refusèrent d'être laissés en arrière, quand l'armée s'ébranla au matin du quatrième jour.

Madig était parvenu à rassembler plus de quinze cents cavaliers, ce qui le mettait à la tête d'une armée d'environ trois mille hommes, avec les soldats d'Oud'barine et les sorcières. C'était peu, comparé aux dix mille guerriers de l'armée de Galmus, mais tous étaient à cheval, et ils brûlaient de se battre. Ils partirent à l'aube au galop, droit vers le nord où des troupes ennemies avaient été signalées. Quelques étoiles brillaient encore dans le ciel d'un bleu de glace profond ; les plaines étincelantes de givre s'étendaient autour d'eux comme une vaste broderie d'argent ; un froid silence s'était installé sur Gazdane, sans un cri d'oiseau, et on n'entendait que le grondement des sabots qui faisaient résonner le sol dur.

En débouchant en haut d'un large repli qui leur avait caché l'horizon, ils découvrirent devant eux la plaine couverte de soldats, dont les lignes s'étendaient à l'est et à l'ouest jusqu'à perte de vue. Et devant, sur un cheval noir, se dressait une haute silhouette enveloppée d'un manteau ; même à cette distance, elle attirait tous les regards, si nette et si terrible qu'ils surent aussitôt que c'était le roi des morts qui se tenait devant eux.

Derrière lui, comme un étendard, flottait quelque chose de blanc qu'ils mirent quelques instants à reconnaître. C'était la tête du roi Charles plantée au bout d'une pique, et dont les longs cheveux claquaient au vent.

Les chevaux s'étaient arrêtés net. Zahir fut secoué d'un long frisson de terreur, et Dendrone s'affaissa sur l'encolure de son cheval avec un gémissement.

Le temps semblait suspendu entre les deux armées face à face. Puis Zahir sut que son ennemi l'avait reconnu. Il le vit comme dans un rêve rejeter son manteau en

arrière, découvrant son visage, et il croisa son regard, la mortelle lueur de feu qui brûlait au fond des orbites vides. Il sentit toute chaleur le quitter, tandis que le roi de Naghar s'avançait vers lui et levait la main. Comme venu de très loin sur sa droite, il entendit le hurlement de Deneb : « NON ! » mais le contre-sort lancé par la jeune fille ne put arrêter la foudre qui s'abattait sur lui, et il s'effondra brutalement avec sa monture.

Deneb arracha aussitôt Dendrone de son cheval, l'empoigna contre elle, et Rmys qui les portait se précipita en arrière à l'instant même où un second éclair s'abattait sur la selle vide du garçon. Comme la licorne s'enfuyait au grand galop vers le sud, le roi-fantôme laissa échapper un cri de rage, et le charme fut rompu.

Il y eut un instant de flottement ; les chevaux se cabrèrent de terreur, certains des cavaliers yeddis firent volte-face en suivant Deneb, tandis que les autres semblaient hésiter. Mais Madig avait le cœur glacé de désespoir depuis qu'il avait vu le roi des morts en face, et il ne voyait plus d'issue même dans la fuite. Comme il ne pouvait supporter l'idée de mourir en tournant le dos à son ennemi, il choisit l'honneur du combat. Il hurla : « Galmus ! Oud'barine ! » et les cavaliers se ruèrent derrière lui vers la mort.

Madig et Sourwen tombèrent parmi les premiers, en allant affronter le roi noir face à face. Bientôt, l'herbe grise piétinée et tachée de sang se couvrit de corps sauvagement tailladés et des cadavres des chevaux. Mais tous combattirent jusqu'à leur dernier souffle, et leur résistance acharnée dura jusqu'au soir. Et puis quand les premières étoiles s'allumèrent dans le ciel d'un bleu de velours, le roi-fantôme poussa un cri farouche, repris d'une seule voix par toute son armée, et qui résonna longtemps sur Gazdane comme un glas de fin du monde. Et l'armée de Naghar se retira.

Les Yeddis arrivèrent dans la nuit par petits groupes, les uns après les autres, pour ramasser leurs morts. On ne voyait rien d'autre que les lueurs vacillantes des torches qui se déplaçaient lentement sur la plaine, et il n'y eut ni pleurs ni cris. Tous murmuraient à voix basse la mélopée triste et lente qu'on chantait à Gazdane pour les morts ; quelquefois, les paroles s'éteignaient sur leurs lèvres, dans un sanglot.

Deneb et Dendrone étaient revenus eux aussi, et ils cherchaient Zahir. Ils le retrouvèrent gisant tout en haut de la pente, là où il était tombé, entre les cadavres raidis de deux chevaux ; son casque avait roulé un peu plus loin, il avait les cheveux brûlés, et il était blanc et froid. Mais quand Deneb le souleva péniblement en lui posant la tête sur son épaule, afin de le charger sur le dos de Rmys, elle sentit un léger souffle contre son cou, et elle poussa un cri de joie :

– Dendrone ! Il est vivant !

Ils le ramenèrent en toute hâte vers le campement que les Yeddis avaient établi un peu plus loin, et tout le monde s'acharna à ranimer le faible écho de vie qui battait encore dans son cœur. Il était le seul rescapé de l'hécatombe. Les soldats de Naghar achevaient les blessés, mais lui était tombé tout au début, à l'écart, et il avait été oublié par les tueurs. Les guérisseurs se battirent pour sa vie comme s'il s'agissait de la leur, comme s'il était une sorte de symbole. Deneb passa la nuit en Rêve, utilisant les méthodes des sorcières pour redonner de la force à son nomen, et pour le rappeler vers elle. Et Dendrone ne lâcha pas sa main. Aux premières lueurs de l'aube, il avait repris des couleurs, et son souffle était redevenu profond et régulier.

Vers midi, des gargouilles arrivèrent. Cinq monstres noirs énormes qui rasèrent le faîte des tentes, avant de se poser quelques mètres plus loin, effrayant les chevaux. Et un démon cornu aux yeux rouges qui montait la plus grande cria d'une voix grinçante qu'on lui remette les deux garçons.

Comme les Yeddis, pour toute réponse, tiraient leurs épées et bandaient leurs arcs, il eut un grincement plus sonore qui pouvait être un rire :

– Mon maître les aurait préférés vivants, mais il n'y attache pas tellement d'importance, et je peux aussi vous tuer tous. Que choisissez-vous ?

Rmys avait senti les gargouilles bien avant qu'elles ne se posent, et elle avait été chercher Deneb. Calant tant bien que mal le corps toujours inconscient de Zahir entre eux deux, Deneb et Dendrone, cramponnés à la crinière blanche, bondirent alors hors du camp sur le dos de la licorne. Les gargouilles s'élancèrent à leur poursuite dans un violent claquement d'ailes, sur les talons de Rmys qui ne parvenait pas à les distancer.

CHAPITRE 32

Houlgorate

RMYS ÉTAIT TENACE ET RÉSISTANTE, ELLE GALOPA JUSQU'AU soir. Ils ne voyaient plus les gargouilles quand elle ralentit finalement l'allure aux abords d'un autre campement. Elle huma l'air longuement, et dit à Deneb :

– Je les sens toujours, elles n'ont pas perdu notre trace.

Deneb et Dendrone fixaient sans répondre la douce lumière des feux qui brûlaient au loin ; la respiration de Zahir était redevenue saccadée. Rmys continua d'une voix douce :

– Il n'y aura pas d'avertissement la prochaine fois. Elles attaqueront.

Dendrone risqua d'une voix tremblante :

– Mais Zahir va mourir si nous ne nous arrêtons pas. Peut-être qu'on pourrait le laisser ici, et les entraîner plus loin derrière nous ?

Rmys secoua nerveusement sa tête fine.

– C'est risqué. Si elles sentent son odeur, il n'aura plus personne pour le protéger.

Deneb prit alors la parole d'une voix qu'elle s'efforçait de rendre ferme :

– On ne peut pas fuir toujours, il faut les arrêter. Je vais rester ici. Après tout, c'est vous deux qu'ils recherchent, et je connais un moyen pour détruire des gargouilles. Seulement, il me faut du temps. Entraînez-les loin dans la plaine, mais arrangez-vous pour être de retour ici, demain soir.

Sans leur laisser le temps de répliquer, elle se laissa glisser sur le sol, et partit en courant vers les tentes.

Après une nuit et une journée de course épuisante, ponctuées seulement des courts répits pendant lesquels ils se laissaient presque rejoindre par les gargouilles, pour être sûrs qu'elles les suivaient bien, Rmys et les garçons se retrouvèrent en vue du camp le lendemain soir. Les feux qui brillaient au loin pétillaient d'étincelles violettes. Ils attendirent un instant que les monstres soient juste au-dessus de leurs têtes, puis ils foncèrent droit sur les tentes. Le démon qui conduisait les gargouilles comprit trop tard qu'il s'agissait d'un piège ; des flammes bleues jaillissantes enveloppèrent les ailes membraneuses des monstres qui se débattirent un moment avec des cris stridents avant de tomber un peu plus loin, morts.

Rmys s'était arrêtée les flancs battants, couverte d'écume. Deneb se précipita vers Zahir qui commençait à glisser des bras de Dendrone. Il avait le teint terreux, et il brûlait de fièvre. Les Yeddis qui avaient accouru l'emportèrent vers les tentes.

Il n'y eut plus d'autres gargouilles les jours suivants ; mais des messagers venus du nord arrivèrent chez le chef Dioumour avec des nouvelles alarmantes : la colère du roi-fantôme s'était abattue sur Gazdane, et les soldats de Naghar avaient mis le feu à la plaine. C'était un feu surnaturel, qui consumait lentement les herbes sur un front immense, ne laissant derrière lui que des cendres, et les petits cadavres calcinés des bêtes qui peuplaient l'herbe haute : mulots, lézards, chiens de prairie... Il ne s'éteignait ni ne faiblissait jamais, et ceux qui s'étaient approchés pour le combattre avaient été abattus par les flèches des archers tapis derrière le mur de flammes. Les nomades fuyaient devant lui.

Deneb et Dendrone, qui tendaient l'oreille un peu à l'écart, entendirent le mot « Houlgorate », la ville d'en bas, mais ni l'un ni l'autre ne pouvait dire de quoi il s'agissait. Il n'y avait pas de ville à Gazdane, ni dans les environs – à moins qu'il ne s'agît d'Oud'barine ? Ils comprirent en tout cas que la décision était prise de lever le camp. Et avant que le soleil pâle n'ait commencé à redescendre sur les plaines grises et brumeuses, le clan de Dioumour était en marche vers le sud, à travers les hautes herbes mortes qui crissaient sous les pas des chevaux et des vaches.

Zahir se rétablissait lentement ; il avait repris connaissance. On l'avait mis avec les enfants trop jeunes pour tenir encore en selle, qui voyageaient dans les silsils, des sortes de palanquins de paille tressée fixés sur le dos des chevaux. Ses cheveux brûlés étaient tombés, ce qui lui donnait un air étrange. Dendrone et Deneb passaient le plus de temps possible avec lui. Ils parlaient à bâtons rompus de la santé de Zahir, des menus soucis quotidiens ; mais aucun d'entre eux n'osait aborder le sujet qui hantait leurs pensées : la défaite de Galmus et la fin de tous leurs espoirs.

Le vent du nord s'était levé, et le feu se rapprochait beaucoup trop vite. Le quatrième soir, il était tout près, et ils continuèrent à marcher bien après la tombée de la nuit. Soudain Dioumour montra du doigt un arbre. C'était un petit arbre tordu, malmené par les vents et les saisons extrêmes de la plaine, le seul arbre sur des lieues et des lieues de désert d'herbes bruissantes. Ils s'en approchèrent en courant, et quatre hommes le poussèrent vigoureusement ; l'arbre s'inclina doucement, et une trappe s'ouvrit sous ses racines.

Ils s'engouffrèrent à la file dans le tunnel qui s'ouvrait devant eux, y poussant une à une les vaches effrayées, puis ils refermèrent la trappe en tirant une corde. Les chevaux renâclaient, humant l'odeur de terre. Ici et là dans le rang, on alluma des lampes à huile qui éclairaient faiblement les visages et envoyaient des ombres fantastiques sur les murs de terre battue étayés de planches de bois. La longue file s'ébranla lentement dans l'étroit passage.

La pente raide de la galerie se ramifia bientôt de tous côtés, s'ouvrant sur d'autres tunnels au fond desquels on entrevoyait des lumières tremblantes. Et des Yeddis arrivèrent de partout, qui les saluaient à voix basse.

En arrivant dans la première salle, dont le plafond était soutenu par des centaines de piliers de bois, Dendrone comprit brusquement : Houlgorate, la ville d'en bas. Les Yeddis avaient creusé ce refuge sous la terre, et l'avaient agrandi au fil des siècles jusqu'à en faire une véritable ville souterraine, si grande qu'elle pouvait accueillir plus de cinquante clans avec leurs vaches et leurs chevaux. C'était le seul bien commun de leur peuple : ils avaient dû coopérer pour y travailler ensemble, transportant sur de longues distances le bois d'étayage depuis la forêt de Péliandre ; et les querelles entre clans y étaient taboues. Il y avait dans des cavernes profondes de grandes provisions d'eau, de nourriture et de fourrage pour les chevaux, de quoi tenir pendant plus d'un mois. Le temps s'y écoulait sans jour ni nuit en palabres interminables, au milieu des jeux des enfants.

C'est à Houlgorate qu'ils retrouvèrent Seleldiwar, en pleine discussion avec les chamans de tous les clans. Le vieil homme était toujours très faible, si mince qu'on aurait pu le faire tomber d'un souffle, et il marchait péniblement avec une canne. Mais son esprit était clair, et il refusait la défaite. Depuis qu'il pouvait à nouveau s'asseoir et parler, il rencontrait interminablement les sorciers yeddis, cherchant désespérément avec eux un moyen d'anéantir encore Naghar. Zahir eut envie de pleurer en le voyant, tant il lui paraissait absurde que le vieux maître si frêle puisse espérer réussir là où le grand Galmus et tous ses guerriers avaient échoué. Mais Dendrone assista à toutes les réunions.

Ils ne restèrent que quelques jours dans la ville souterraine, le temps que le feu et les soldats s'éloignent vers le sud. En ressortant, ils trouvèrent le pays noir et mort, et les cendres s'étendaient à perte de vue. Les Yeddis se partagèrent l'eau et le fourrage d'Houlgorate, et les clans s'égaillèrent vers l'est ou l'ouest à la recherche de terres encore vertes pour leurs vaches et leurs chevaux.

Seleldiwar repartit avec eux dans le clan de Dioumour. Mais Zahir, complètement rétabli maintenant, se plongeait dans le travail pour fuir la compagnie du vieux maître ; il ne pouvait pas supporter la résolution obstinée qui se lisait dans ses yeux, et qui semblait lui reprocher son propre désespoir. Deneb, elle, écoutait attentivement le vieil homme, et Dendrone semblait depuis quelques jours plongé dans ses pensées.

Chapitre 33

Bannith

Un soir qu'il ramassait des pierres dans les cendres pour caler les rabats des tentes, Dendrone trouva une fourmilière qui avait survécu à l'incendie, et il resta là, fasciné dans la contemplation des insectes. Il était si profondément absorbé qu'il ne réagit même pas quand Zahir et Deneb s'approchèrent pour lui parler. Interloqué, Zahir suivit son regard, se demandant ce qui pouvait bien mériter une telle attention.

Les fourmis s'étaient mis en tête d'emporter le cadavre d'une grosse sauterelle. Les premières s'étaient vainement acharnées, sans parvenir à l'ébranler le moins du monde. Mais il en arrivait d'autres, de partout, et, peu à peu, Dendrone avait vu le petit corps rigide bouger imperceptiblement. Elles étaient maintenant des dizaines, accrochées les unes aux autres, et elles l'avaient halé sur la moitié du chemin.

Dendrone déclara alors d'une voix bizarre :

– C'est comme ça que nous pouvons vaincre Naghar.

Zahir le regarda avec impatience :

– Comment, comme ça ? Avec des fourmis ? Ou peut-être que tu veux utiliser des cadavres de sauterelles ?

ajouta-t-il d'un ton franchement sarcastique.

Mais Dendrone ne semblait pas l'avoir entendu, et il continuait de penser tout haut.

– Il faut un sortilège, n'importe lequel, mais que tout le monde fera en même temps. Tout le monde, tous les gens de tous les villages des Terres émergées. Et en reliant ces sorts par la méthode des sorcières, on aura une force telle que rien ne pourra y résister.

Deneb écoutait en réfléchissant intensément, mais Zahir ne décolérait pas.

– C'est stupide. Tu peux relier les nomens de deux personnes, de dix, peut-être de vingt. Mais cent ? mille ? dix mille ?...

Deneb le fit taire en lui posant la main sur la bouche.

– Dendrone, à quel sortilège penses-tu ?

– Je ne sais pas, peut-être un Bannith. C'est facile à apprendre, tout le monde peut le faire...

Zahir se sentit tout à coup revenir longtemps en arrière, et il entendait nettement à ses oreilles la voix de Benglar le soir où Dendrone avait failli mettre le feu à l'école, lorsqu'il lui avait parlé de son rêve dans lequel le garçon devenait roi :

« … Maintenant que je connais Dendrone, je pense que c'était bien une possibilité d'avenir ; il y a en lui une force qui, s'il parvenait à se dominer, pourrait le rendre très puissant… peut-être le plus grand de nous tous. Penses-tu que tu pourrais, toi, mettre en péril tout un bâtiment avec juste un petit Bannith ? »

Le jeune homme avait soudain l'impression de vivre une prédiction, d'être entré dans une légende. Il regarda son ami avec stupéfaction, comme s'il lui voyait déjà une couronne sur la tête, et il faillit tomber à genoux. Puis il se reprit en se frottant vigoureusement les yeux : c'était toujours le même gamin ébouriffé et bouillonnant d'imagination, et rien n'avait changé.

Deneb se tourna vers lui avec un regard étincelant d'espoir.

– Je ne sais pas combien de nomens on peut unir avec notre méthode, Zahir ; mais il faut essayer, Dendrone a raison. C'est notre dernière chance.

Ils partirent vers l'ouest le lendemain à l'aube, tous les trois sur le dos de Rmys, en présence du clan de Dioumour rassemblé pour leur souhaiter bonne chance. Seleldiwar était trop faible pour les accompagner, et il avait refusé en plaisantant qu'ils prennent du retard pour l'attendre :

– S'il s'agit seulement d'enseigner le Bannith, vous n'avez quand même pas besoin d'un maître d'école, et j'imagine que vous pourrez vous débrouiller sans moi !

Ils avaient pris peu de bagages pour ne pas surcharger Rmys, mais ils le regrettèrent amèrement le premier soir : il pleuvait, et ils n'avaient rencontré depuis le matin que des villages détruits et déserts. Pourtant, tandis qu'ils établissaient un lugubre campement sous un bosquet d'arbres morts à l'orée d'un bois, s'acharnant à faire démarrer un petit feu sur des branches humides, ils virent soudain apparaître devant eux deux paysans armés de fourches, qui sortaient des profondeurs des arbres. Zahir se leva d'un bond et tira son épée, mais les paysans ne leur voulaient pas de mal. Ils avaient vu Rmys, et ils savaient que les licornes étaient les ennemies acharnées du roi-fantôme.

– Vous ne pouvez pas rester là. Un détachement de Naghar a été signalé un peu au nord, ils seront ici avant l'aube. Venez avec nous.

Ils les suivirent sous les arbres luisants et dénudés, trop fatigués pour faire attention à autre chose qu'à suivre avec application les pieds qui marchaient devant eux, frissonnant lorsque de grosses gouttes glacées tombaient des branches dans leur cou. Ils arrivèrent tard dans la nuit à un village de huttes caché au plus profond de la forêt. Zahir, secouant sa torpeur, se souvint tout à coup de la raison de leur venue, et demanda à rencontrer le chef du village.

À sa grande surprise (et c'était sans doute dû à l'équipement d'Oud'barine, qui lui donnait fière allure), il n'eut aucune difficulté à se faire écouter. Et au matin, avec l'aide d'une vieille paysanne qui avait appris la magie des sorcières, ils enseignèrent le Bannith à tous ceux qui étaient là, hommes, femmes et enfants.

Dendrone se tenait un peu à l'écart, concentré sur l'union des nomens. Il commençait à entrevoir toute la difficulté de sa tâche, et Zahir avait bien mis le doigt sur le point faible de son plan. Après tout, il n'avait appris

qu'à lier son nomen à celui de Corinne, et c'était plutôt facile tellement ils étaient unis. Ici, devant tous les paysans assemblés, il était gagné de panique et n'arrivait à rien. Mais il était têtu, et il détestait s'avouer vaincu. Si bien qu'au bout d'un moment, comme Deneb qui avait senti sa tension venait doucement à son aide, il parvint enfin à détacher son esprit ; il sentit alors les personnes assemblées autour de lui comme un grand réseau, comme une vaste toile dont il aurait été l'araignée, jetant ici ou là ses fils pour construire une géométrie parfaite. Il réussit si bien que Deneb le secoua juste à temps pour l'empêcher de faire exploser tous les Banniths réunis en une énorme flamme qui aurait révélé à tous les environs l'emplacement du village de huttes. La jeune fille riait en regardant Zahir éberlué qui réclamait des explications.

– Il est très fort, Zahir. Je n'avais jamais vu ça. Il peut vraiment réussir.

Ils quittèrent le refuge dans l'après-midi. On leur avait donné les signaux et les mots de passe pour contacter les groupes de paysans cachés eux aussi dans les environs, si bien que, dès le lendemain, ils commençaient une nouvelle séance dans une grotte, à quelques lieues de là ; et cela continua jour après jour. Au bout d'un mois, on venait les chercher pour les conduire devant des foules venues exprès pour eux, parfois de loin. Et Zahir et Deneb enseignaient inlassablement le Bannith, souvent avec l'aide de ceux qu'ils avaient déjà formés.

Dendrone tenait bon, malgré l'ampleur de sa tâche qui se compliquait démesurément au fur et à mesure que la toile qu'il avait en esprit s'étendait et se ramifiait. Il ne s'en détachait plus guère que pour manger et dormir, passant le reste du temps absorbé comme en rêve. C'était Zahir qui avait pris la tête des opérations.

Il n'était toujours pas certain de croire en la victoire, mais il était heureux d'agir au lieu d'attendre en se cachant que la nuit s'étende finalement sur le monde. Il avait pris beaucoup d'assurance et d'autorité, et, dans son équipement aux armes d'Oud'barine, n'eussent été ses cheveux bruns et sa stature encore frêle, on aurait pu le prendre pour Madig ou Sourwen. Mais il n'avait pas conscience d'être devenu pour tous les paysans un héros dont la renommée s'étendait à tire-d'aile, et il avait plutôt le sentiment d'aider ses amis, surtout Dendrone qui, il le savait, accomplissait l'essentiel du travail.

L'hiver passa lentement, avec la neige dans laquelle Rmys s'enfonçait parfois jusqu'aux flancs et les loups qui les prirent trois fois en chasse. Et puis vint le printemps avec les premières fleurs, et les bourgeons enflés au bout des branches. Les soldats de Naghar commencèrent à les pourchasser, et ils surent que le roi noir ne les avait pas oubliés. Heureusement, ils se déplaçaient tellement qu'ils restaient insaisissables, et ils avaient maintenant des alliés partout dans les royaumes. Ils comprirent cependant qu'il ne fallait plus tarder désormais, et ils commencèrent à se diriger lentement vers le nord.

Chapitre 34

La fin de Naghar

Ils lancèrent leur attaque à la fin du mois de mars, par une nuit froide, à quelques lieues de la forteresse noire dont les tours se détachaient au loin sur le ciel blanchi par la lune. Les créneaux mordaient les nuages pâles de leurs dents noires, et le donjon irradiait une lumière sombre qui faisait deviner la présence du roi-spectre dans ses murs glacés.

Autour de Zahir, Dendrone et Deneb, s'étaient rassemblés plus de trois mille paysans en haillons qui subsistaient comme ils le pouvaient en se cachant dans les forêts. Certains les avaient rejoints de très loin pour leur dernière leçon de magie, dans une large clairière d'herbe verte fleurie de primevères et de jonquilles.

Juste avant l'aube, Dendrone sentit qu'il était prêt, et il lança en esprit le signal.

Partout sur les Terres émergées, ce fut comme si les étoiles étaient descendues du ciel pour se poser sur la terre. Des milliers, des millions de lumières qui filaient vers le nord.

Dendrone, concentré sur sa toile, la vit parcourue d'un scintillement d'étincelles innombrables qu'il s'appliqua à rassembler vers le centre, sur la tour noire qu'il ne quittait pas des yeux. Il y eut une explosion formidable, et la tour se fendit du haut en bas, faisant trembler le sol sur des lieues et des lieues alentour. Mais Dendrone comprit au même instant qu'il n'avait pas été assez rapide : le coup avait été dévié, et il savait que leur ennemi était toujours là.

Il fut envahi d'une telle terreur qu'il laissa s'échapper une partie des fils du fragile réseau qu'il avait si lentement élaboré, et qui commença à se disloquer. Il se reprit pourtant aussitôt, s'efforça de faire taire sa peur, et entreprit courageusement de réparer sa toile abîmée afin d'y lancer un nouveau signal, pour une seconde attaque. Mais c'était trop lent pour empêcher la riposte, et Deneb, qui suivait

anxieusement ce que faisait Dendrone, hurla de panique quand elle vit le ciel s'embraser au-dessus de la tour. Tout le monde se jeta à terre, et la foudre claqua brutalement.

Mais ce n'était pas sur eux qu'elle était tombée.

Dans la grande salle noire du donjon de Naghar, le roi-fantôme avait pressenti l'attaque juste à temps pour détourner de lui le sortilège de Dendrone ; mais en fendant la tour, la force des Banniths avait brisé la cage de fer qui enfermait le corps de Benglar, ainsi que la caisse de plomb où était enfermé son nomen. Et le vieux mage s'était lentement redressé face à son ennemi.

Ce n'était pas pour rien que beaucoup considéraient Benglar comme le plus grand sorcier des Terres émergées. Alors même qu'il s'éveillait tout juste de longs mois d'inconscience, il s'était tenu debout, petit mais solide devant le roi des morts, repoussant imperturbablement l'étau de glace qui aurait dû le faire s'effondrer ; et il l'avait regardé droit dans les yeux. Le sorcier-fantôme avait vacillé et, dans un hurlement de rage, il lui avait lancé sa foudre.

La force de l'attaque était si terrible qu'elle aurait dû anéantir même Benglar. Mais au moment où le roi noir tremblant de fureur avait levé sa main décharnée, le vieux mage avait soudain senti que l'air autour de lui vibrait de vie : tous les nomens, l'énergie vitale de millions de personnes qui emplissait la salle noire et glacée. Et il s'y était accroché aussitôt.

Le nomen pour Benglar, c'était son domaine, l'élément où il puisait sa force magique. Quand la foudre s'abattit sur lui, il avait acquis la puissance de mille sorciers ; et elle le traversa sans lui faire aucun mal. Pour la première fois, le spectre de Naghar trembla de peur.

– Qui es-tu ? demanda-t-il d'une voix sifflante. Tu n'es pourtant pas un fantôme ?

Benglar secoua doucement la tête, et répondit seulement :

– Bergame, va-t'en. Retourne avec les morts.

Le roi noir eut un rire strident chargé de haine.

– Bergame ? Qui est Bergame ? Ne sais-tu pas qui je suis ?

Il leva de nouveau sa main de squelette pour commander la foudre ; mais alors Benglar parut grandir, tellement qu'il emplissait la pièce. Sa voix vibrait d'un ton impérieux et le spectre, regardant sa propre main dressée devant lui, s'aperçut soudain avec horreur qu'elle disparaissait peu à peu ; la chair fantôme devenait plus transparente, les os se désagrégeaient lentement. Il poussa un hurlement aigu qui glaça le cœur de tous ceux qui l'entendirent sur des lieues et des lieues alentour. Et puis le cri mourut, le manteau retomba vide sur le sol, et le jour se leva.

Dans la clairière aux jonquilles, tout le monde s'était jeté sur l'herbe, les mains sur les oreilles, pour tenter d'échapper à la terreur du cri de mort jailli de la tour. Dendrone avait définitivement perdu tous les fils de son fragile réseau de nomens, et il attendait la fin. Quand le cri s'éteignit, il releva la tête avec surprise, n'osant pas croire qu'il était encore vivant. Tout autour de lui, il croisait des regards où l'angoisse se mêlait à l'espoir. Zahir fut le premier à réagir ; s'asseyant dans l'herbe humide, il partit en Rêve vers Naghar. Dendrone et Deneb le suivirent aussitôt.

Ils trouvèrent la forteresse vide. Les démons qui l'habitaient avaient suivi leur maître et disparu avec lui. Dans

la grande salle du donjon, où le soleil entrait par une large brèche ouverte dans le mur, ils trouvèrent Benglar inconscient, à côté d'un manteau noir abandonné sur le sol. Quand le Sans-Nom s'était évanoui dans le néant, Dendrone ayant laissé filer son réseau de nomens, Benglar s'était retrouvé seul, un vieil homme vidé de ses forces, et il s'était finalement effondré.

Ils ramenèrent aussitôt leurs esprits à la clairière, et tout le monde courut vers Naghar, pour secourir leur sauveur.

Ils le ramenèrent à leur campement : personne ne voulait rester dans la ville qui, même désertée par le mal qui y habitait, demeurait imprégnée de puanteur et d'ombres.

Ils le couchèrent dans une petite tente de toile dressée à la hâte, et Dendrone et Zahir ne le quittèrent plus. Ils avaient le cœur serré en voyant leur vieux maître, autrefois si solide, devenu si frêle qu'il semblait n'avoir plus de poids, et si pâle qu'on aurait dit que la lumière le traversait. Dendrone et Deneb passèrent des jours à chercher à joindre son nomen, pour lui redonner de la force et le rappeler vers eux. Zahir préparait des remèdes qu'il glissait patiemment, goutte à goutte, à travers les lèvres closes du vieil homme.

Ils étaient si préoccupés par Benglar qu'ils ne s'aperçurent pas que de partout des milliers de gens affluaient pour voir de leurs yeux la défaite de Naghar, et pour célébrer la victoire. Ils virent seulement Houroule, l'amie de Deneb, qui arriva au bout de quelques jours pour joindre ses efforts à ceux de Zahir ; puis ce fut Seleldiwar qui les rejoignit, et Derrim qui passa sa tête par l'ouverture de la tente pour les encourager et leur donner des conseils. Tout autour de la tente, des paysans gardaient le malade, et imposaient le silence. La fête et les chants avaient lieu plus loin.

C'était Zahir le héros qu'on célébrait le plus. C'était lui qu'on avait vu dans tous les royaumes, conduisant sa petite troupe, rassemblant les paysans, expliquant, enseignant, tenant tête aux soldats et aux loups. Ce qu'avaient fait Benglar et Dendrone, personne ne l'avait vu, et seules les sorcières le devinaient vraiment.

CHAPITRE 35

Le nouveau roi

BENGLAR REPRIT CONNAISSANCE UN JOUR D'AVRIL. UN soleil radieux inondait la clairière, et les arbres dont les bourgeons commençaient à éclore étaient nimbés d'un lumineux voile vert tendre. À la nouvelle de la guérison du vieux sorcier, tous ceux qui le connaissaient se pressèrent autour de la petite tente, essayant d'entrer pour le voir et lui parler ; il y avait là des sorcières, des licornes, les paysans de Monate, même des mouettes venues de Presfile, et bientôt une foule immense se rassembla en réclamant ses héros.

Benglar, soutenu par Deneb et Zahir, se leva alors et ils sortirent dans le soleil.

Ils virent une mer de visages tournés vers eux, et ils furent accueillis par une gigantesque ovation. Et puis un cri jaillit : « Zahir roi ! » repris aussitôt par des centaines de voix.

Pris de court, Zahir regarda stupidement à droite et à gauche, comme pour être sûr que c'était bien à lui que cette acclamation s'adressait. Confiant Benglar à Houroule, il leva alors les bras avec de grands gestes de dénégation

pour réclamer le silence et demander la parole. Quand le vacarme commença à se calmer, il cria :

– Vous vous trompez ! Ce n'est pas moi qui ai vaincu le roi noir ! C'est Benglar (il leur montra le vieux sorcier) qui a eu la force et le courage de l'affronter, et qui l'a fait disparaître. C'est lui qui doit être le roi !

Comme tous les yeux se tournaient vers Benglar, le vieux mage se dégagea doucement des mains de Deneb et Houroule qui le soutenaient, et s'avança bien droit devant la foule. Quand il prit la parole, sa voix était encore faible, mais il dégageait une telle impression de puissance que tout le monde se tut pour l'écouter.

Il secoua doucement la tête :

– C'est vous tous, toutes vos forces conjuguées qui ont permis de chasser le Sans-Nom. C'est votre victoire. Vous pouvez vous choisir un roi, mais ne le prenez pas pour sa force et son pouvoir ; trouvez-en un qui saura vous garder tous unis. Pour moi, je suis trop vieux, et puis maintenant j'ai fini mon travail. Je souhaite juste me reposer.

Il y eut un moment de flottement, tout le monde essayant de comprendre le sens profond des paroles de Benglar. Et quelques cris reprirent : « Zahir ! Zahir ! »

Alors Zahir regarda son vieux maître et lui sourit, puis il prit Dendrone par la main et s'avança avec lui sur une petite butte d'herbe verte d'où ils dominaient la foule. Et il déclara d'une voix forte :

– Je vous remercie tous, et je suis très touché de l'honneur que vous me faites. Mais, malgré tout, je ne peux pas accepter. Je ne suis pas fait pour être roi.

Un brouhaha confus s'éleva, certains criant à nouveau « Zahir ! » pour tenter de le convaincre, d'autres réclamant à grands cris le silence, et partout on entendait des murmures de déception. Quand Zahir put à nouveau se faire entendre, il continua avec un sourire :

– Écoutez-moi ! Je décline votre offre, mais j'ai quelqu'un d'autre à vous proposer.

Et il leur montra Dendrone.

– D'accord, il est encore jeune, et pas tout à fait au point, ajouta-t-il en riant. Mais c'est le meilleur que vous puissiez jamais trouver. Et puis vous êtes nombreux ! En vous y mettant tous, vous pouvez faire de lui un très grand roi. Et je suis certain que…

Il ne put terminer sa phrase, noyée dans un tonnerre d'applaudissements. La foule scandait « Dendrone ! » et c'étaient les enfants qui criaient le plus fort. Une femme tressa une couronne avec les fleurs qui perçaient ici et là dans l'herbe verte, et vint la poser solennellement sur la tête de leur nouveau jeune roi. Et Dendrone encore étourdi par tous ces événements fut porté en triomphe.

Quelques jours plus tard, tout le monde se mit en route pour Alinore, que Dendrone avait choisie comme nouvelle capitale du nouveau royaume. Ce fut un voyage triomphal. Tous ceux qui n'avaient pas pu venir à Naghar s'assemblaient sur le bord de la route pour les acclamer, et les mouettes volaient devant eux pour annoncer leur passage. Dendrone, encore un peu abasourdi mais rayonnant, chevauchait en tête sur le dos de Rmys, entre Zahir qui montait Derrim et Benglar sur Nelfine. Et encore à côté d'eux, il y avait Deneb, Seleldiwar, Houroule, le bourgmestre de Monate avec Reven et le père de Dendrone, Mérédith et les fillettes de Serlani, les Yeddis de Dioumour, et des guerriers d'Oud'barine qui, blessés, étaient restés avec les nomades et n'avaient pas participé à la bataille de Gazdane.

À la demande de Dendrone, ils passèrent par le chemin de la montagne Noire, et ils atteignirent le col du Passevent un soir de mai. La plaine qui s'étendait sous leurs pieds était nappée de brume dorée ; Alinore, lavée des blessures de la guerre, s'étendait plus blanche que jamais sur les bords de la Nora, et le soleil couchant étincelait sur les toits du palais.

Benglar repartit quelques jours plus tard avec les paysans de Monate, refusant la place de conseiller du roi : il répéta qu'il avait maintenant fini son travail, et ajouta que, puisque c'était la magie des sorcières qui avait permis de détruire le roi noir, il était plus juste de choisir une femme pour ce poste. Si bien que ce fut Mérédith qui fut nommée. Seleldiwar accepta lui aussi de s'établir au palais quand Dendrone le lui demanda, car il aimait beaucoup le garçon.

Zahir et Deneb restèrent encore plus d'un mois avec leur ami. Et puis un matin d'été, ils repartirent tous deux vers le nord, pour rejoindre la vieille école dans la forêt de Monate.

Le bâtiment était toujours le même, avec ses vieux toits de bois noyés au milieu des arbres, et Benglar les attendait sur le seuil avec un sourire si large qu'on pouvait craindre que sa tête ne se coupât en deux. Zahir déposa leurs sacs avec un sentiment de bonheur parfait, et s'inclina respectueusement devant le vieux sage.

– Maître, nous souhaiterions rouvrir l'école avec vous, et enseigner la magie à tous ceux et toutes celles qui voudront l'apprendre. Est-ce que vous voulez bien de nous ?

Benglar ouvrit largement la porte, et les serra tous les deux dans ses bras.

Épilogue

Un brouillard gris noyait la campagne. Il faisait bien chaud dans la cabine du camion, et Corinne, assise à côté de son père, regardait rêveusement les arbres au bord de la route qui apparaissaient et se fondaient tour à tour au rythme lent du camion qui roulait doucement.

Un peu devant eux, un héron traversa la route de son vol lourd, le cou replié et les ailes arrondies. Corinne pensa très fort à Dendrone.

Et elle le vit soudain dans une grande salle éclairée de torches, assis au milieu d'une assemblée de paysans qui discutaient gravement. Ils étaient vêtus de leurs habits de fête, et Dendrone, lui, était habillé comme il l'avait toujours rêvé de vêtements chatoyants verts, jaunes et rouges qui le faisaient ressembler à un prince. Elle sentit qu'il la regardait, et il lui adressa un clin d'œil.

La discussion était sérieuse, elle portait sur les bâtiments à reconstruire dans les villages, et sur les sommes d'argent qui seraient nécessaires. Dendrone intervenait peu mais, de temps à autre, un des hommes le regardait pour quêter son approbation, et c'était vers lui qu'on se tournait quand surgissait un cas particulier plus épineux à régler.

Comme à son habitude, il avait toujours des centaines d'idées pour résoudre les problèmes, même si certaines étaient si surprenantes que les hommes fronçaient les sourcils, et reprenaient la discussion sans en tenir compte. Mais Dendrone ne se troublait pas, et gardait sa bonne humeur.

Au bout d'un moment, elle sentit qu'il détachait son esprit de la réunion, comme s'il s'éclipsait discrètement pour s'isoler un instant avec elle. Sa voix vibrait de bonheur quand il lui annonça :

– Benglar pense qu'on pourra rouvrir le Nadir ! Il y travaille actuellement, avec Zahir et Deneb. Nous pourrons nous revoir, Corinne ! Pense à moi souvent d'ici là, et reviens comme aujourd'hui !

L'image se brouilla lentement, mais Corinne se sentait si heureuse qu'elle éclata de rire tout haut.

Son père, assis à côté d'elle dans le camion, la regarda avec surprise :

– Alors, princesse, qu'est-ce qui te fait rire comme ça ?

– Je pense à un garçon que j'aime beaucoup, dans une histoire... Il est très gentil, et très intelligent ; il a sans arrêt des idées, des bonnes, des bizarres, des drôles ou des sérieuses, mais en tout cas il a toujours une solution pour tous les problèmes.

Le père de Corinne sourit en remarquant :

– Ah, encore un de tes livres... Et quel est le titre de celui-là ?

Elle hésita un peu :

– Je ne sais pas…

Et après un instant, elle ajouta en souriant toujours :

– … En tout cas, il pourrait s'appeler *Les Deux Côtés du monde*… ou bien *Les sortilèges d'Alinore*.

Table des matières

5 • Première partie • Alinore
9 • Dendrone
15 • Zahir
21 • Le rêve Sen-lal
25 • Trahison
31 • La montagne Noire
39 • La cabane de berger
45 • Naghar
53 • Corinne
63 • Alinore tombée
69 • Le piège

77 • Deuxième partie • Rois et Sorcières
79 • Les marais de Guerguennore
87 • Le labyrinthe du roi noir
93 • Seleldiwar
101 • Galmus
109 • Prisonniers à Presfile
117 • Sorcières
127 • Évasion
137 • Nadir

149 • Troisième partie • Le Deuxième Monde
153 • Les Monettes
161 • Quirix
167 • Départ
173 • La Pieuvre
179 • Le plan de Corinne
187 • Voyage en train

195 • L’usine désaffectée
207 • La Porte de Naghar

223 • Quatrième partie • Les Plaines de Gazdane
225 • Oud’barine
231 • Retour à Quirix
239 • Le roi Charles
247 • Chevauchée vers Alinore
257 • Gazdane
267 • Houlgorate
275 • Bannith
283 • La fin de Naghar
291 • Le nouveau roi

297 • Épilogue

Loi 49-956 du 16 juillet 1949
sur les publications destinées à la jeunesse.

Achevé d'imprimer par France-Quercy, à Cahors.
Dépôt légal : 4e trimestre 2002
N° d'impression : 22250